월급쟁이,
부동산 경매로
벤츠 타다

월급쟁이,
부동산 경매로
벤츠 타다

정재용 지음

한국경제신문 *i*

프롤로그

　돈 욕심으로 시작한 경매라 적잖은 실수를 했다. 실제로 2번째 경락받은 물건까지 손해 보고 팔았다. 그 과정을 담은 《바닥부터 시작하는 왕초보 부동산 경매》를 출간한 지 벌써 10년이 되었다. 출간 당시, 책 말미에 또 한 권의 책을 독자들과 약속했다.

　이 책은 경매를 시작한 초보 시절부터 홀로 서는 중수까지의 과정을 엮었다. 따라서 경매를 준비하거나 시작한 사람들에게 많은 도움이 될 것이라 믿어 의심치 않는다. 차후에 고수의 반열에 올라도 더 이상 경매와 관련된 책은 출간할 생각이 없다. 이미 고수들이 출간한 책도 많거니와 돈을 벌고도 골방에 앉아 집필할 이유가 없다. 젊을 때 일하기 좋지만, 반대로 한 살이라도 젊을 때 노는 것이 더 좋다. 제아무리 돈을 많이 벌어도, 건강을 잃으면 아무짝에도 쓸모가 없다.

내가 경매에 첫발을 들였을 때는 정말 아무것도 모르는 상태였다. 그 당시 학원에 다닌 것도 아니고 초보자에게 도움이 될 만한 책도 별로 없었다. 대형서점을 뒤져봤지만 별 내용도 없이 허세나 말장난으로 가득한 책이 많았다. 그래서 경매를 배우며 기록한 내용을 누구나 쉽게 볼 수 있도록 책으로 출간하게 되었다. 미리 밝히지만, 이 책을 출간한 목적은 경매 이론을 설명하려는 게 아니다. 물건을 찾아 입찰하고 명도와 소송까지 모든 과정을 공개해 경매를 배우는 후배들에게 보탬이 되고 싶은 것이다. 그러니 세세한 경매 이론을 배우고 싶다면 다른 책을 찾아보길 권한다.

첫 입찰은 《39세 100억 젊은 부자의 부동산 투자법》의 저자 이진우 소장님의 무료 강의를 듣고 무턱대고 저질렀기에 기초가 너무 없었다. 나를 경매의 세계로 입문하게 만들어준 분이신데 나중에 안 좋은 소식을 들었다.

첫 책을 출간하고 제대로 배워볼 요량으로 다음의 '지신'이라는 카페에 가입해 활동했다. 평일 주 2회 8시간씩 이론수업과 현장실습을 배웠던 '경매꾼'이라는 강의는 수업 도중에 폐강되었다. 강의하던 앤소니 선생님이 수원역 앞에 마스터 경매학원을 차리는 바람에 아쉽게 끝났다. 게다가 내가 지원한 2기 모집 때는 수강생이 없어 1기 수업 중간에 들어갔던 터라 더 아쉬웠다. 지신에서는 이름 대신 닉네임으로 불렸는데 나는 '상식세상'이었다. 그 뒤로 지신에서 만난 《부동산 경매 비법》의 저자인 '경매비법' 김경만 형님과 인연이 닿아 가끔 찾아갔다.

사실, 초보자들은 고수에게 비법을 들어도 별 도움이 안 된다. 아무리 들어봐야 준비가 안 되어 있어 제대로 따라가지 못한다. 금전과 마음의 준비가 되었다면 다르겠지만 말이다. 나의 경우에 그랬다는 것이지, 절대적인 것은 아니다. 단돈 1,000만 원이 없어 아버지에게 돈을 빌려 경매를 시작했지만, 지금은 건물을 지을 만한 땅을 찾고 있다. 건축 일을 하기엔 경륜이나 자금이 부족하지만, 투자자를 모아서라도 해볼 생각이다.

지난 10년간 해마다 한 번씩 경만 형님을 찾아갔는데 요즘은 자주 찾아가는 편이다. 경매 고수에서 건축업으로 사업을 넓혔기에 그의 노하우를 배우고 싶었다. 지금도 블로그에 'Firenze Life'와 유튜브에 '백만장자 LIVE TV'라는 타이틀로 건축과 경매, 취미에 대한 자신의 근황을 꾸준히 올리고 있다. 2018년 말에는 점심 약속을 하고 찾아갔다가 생각지도 못한 인터뷰를 하기도 했다.

백만장자 LIFE TV #131 :
부동산 경매 저자는 얼마를 벌었을까? 수익 대 공개
https://www.youtube.com/watch?v=BlHnN2Nzq0l&feature=youtu.be

직장인인 나에게 경매는 전혀 다른 세상을 보여주었다. 많은 사람을 만나고 복잡한 소송을 거치며 봉급생활자 마인드가 사업가 마인드로 바뀌었다. 또한, 부정적 마인드도 긍정적 마인드로 많이 바뀌었다. 아무쪼록 이 책이 초보 경매꾼들에게 좋은 길잡이가 되었으면 하는 바람이다.

정재용

Contents

chapter 1
경매 물건 찾기

01. 내 자본은 얼마인가?

전작인 《바닥부터 시작하는 왕초보 부동산 경매》에서 돈을 벌고 싶었던 계기, 마인드의 변화와 입찰서류 작성부터 낙찰 후 등기까지 소개했다. 하지만 이미 10년이나 지났고 절판되었기에 연장선상이 아닌 처음부터 새롭게 시작하려 한다.

경매는 좀 어려운 분야라 한두 번 성공한 사람들은 많지만, 전업으로 끝까지 부를 거머쥔 사람은 많지 않다. 게다가 사회적 인식도 별로 좋지 않다. 그래서 경매에 입문하기도 쉽지 않거니와 끝까지 살아남기도 힘들다. 돈을 잃은 사람은 잘 드러내지 않지만, 돈을 번 사람은 자신을 드러낸다. 그런데도 주변에 경매로 부자가 되었다는 사람을 찾기가 쉽지 않다.

내가 만나는 사람 중에 100억 원대 자산가는 《부동산 경매 비법》의 경만 형님밖에 없다. 5억 원으로 경매를 시작해 한때 총자산이 100억 원을 넘어섰지만, 요즘은 빚을 정리해 70억 원대라 한다. 하지만 은행 대출금을 제하면 순 자산은 30억 원대다. 그러니 나처럼 무일푼으로 시작한 사람은 더더욱 힘들다. "좁쌀 만 번 굴리는 것보다 호박 한 번 굴리는 게 낫다"는 속담처럼 자본이 깡패다.

'내 자본이 얼마인가?' 투자하려면 가장 먼저 내 주머니 사정을 살펴야 한다. 또한, 급하게 먹으면 체하듯 자본이 적을수록 절대 실수해서는 안 된다. 실수하면 경매를 안 하느니만 못하게 된다. 내가 처음 낙찰받은 물건은 2008년 2월경, 충청남도 안면도 소재의 논이었다. 안면도가 개발된다는 말에 앞뒤 안 재고 낙찰받았다. 훗날 경매에 눈을 뜨고 보니 전국에 개발계획이 없는 곳이 없었다. 그 개발계획이 계획으로만 끝나서 문제인 것이다. 누군가처럼 100% 개발될 곳을 미리 알고 있다면 얘기가 달라지겠지만….

안면도 땅은 지분 물건임에도 불구하고 소액으로 낙찰받을 수 있다는 생각에 질렀다. 그 당시 평당 7만 원꼴인 1,251만 원에 낙찰받아 아버지께 1,000만 원을 빌려 잔금을 납부했다. 전체 평수는 1,058평으로 7,000만 원이 넘었다. 지분 땅은 적게는 한두 번, 많게는 서너 번 유찰되는 것을 그 당시에는 몰랐다. 다만, 너무 많이 떨어지면 공유자 우선매수권 때문에 낭패를 볼 수 있다.

TIP

공유자 우선매수권 : 지분경매가 진행 중일 때 다른 공유자가 해당 사건의 최고가 매수신고인과 같은 가격으로 우선매수 할 수 있다. 단, 공유자 우선매수권은 1회에 한해 행사할 수 있고 여러 필지 중 일부만 공유지분인 경우에는 해당되지 않는다.

　　낙찰받고 얼마 지나지 않아 땅을 비싸게 샀다는 것을 알게 되었다. 3년 이상 보유하다 다행히 1,330만 원에 팔았다. 땅값이 많이 떨어진 상태였지만, 다른 지분권자가 종중 땅이라며 매수를 원했다. 종중 어른들의 성원과 낙찰가 이하로 절대 팔 수 없다는 나의 고집이 손실을 덜어주었다. 그 당시 못 팔았다면 지금도 애물단지로 남았을 것이다. 어쨌든 은행이자 정도만 손해 봤다.

　　한두 번 유찰된 가격에 낙찰받았더라면 다른 지분권자에게 넘기기 좋고 손해 볼 일도 없다. 그러니 경매 물건은 무조건 시세보다 싸게 낙찰받아야 한다. 물론, 진짜 좋은 물건은 경매 감정가보다 더 높게 낙찰받아도 된다. 실례로 강원도 홍천의 임야(2013타경1880(8))는 27명이 입찰해 감정가의 300%가 조금 넘는 금액에 낙찰되었다. 하지만 이런 물건은 어느 정도 경험이 쌓였을 때 입찰하길 권한다.

이처럼 지분 땅은 대출이 가능하다. 하지만 건물이 있는 대지인데 건물은 제외하고 대지만 나온 물건은 대출이 안 된다. 지상권 문제로 제도권 금융기관에서는 대출을 꺼린다. 힘들게 낙찰받고도 잔금을 납부하지 못해 다시 경매로 나오는 경우에는 최저매각가격의 10%인 보증금이 20% 또는 30%까지 올라간다. 이걸 모르고 입찰하면 보증금 부족으로 무효가 된다. 단, 보증금이 초과된 것은 무효가 아니기에 차액만큼 돌려준다.

02. 대출을 활용하라

'갭 투자'라는 말을 들어본 적이 있을 것이다. 보증금을 포함해 집을 사면 생각보다 적은 금액으로 구입할 수 있다. 집값이 오르면 전세금을 올려 그 차액으로 집을 한 채 더 사고…, 또 전세금이 오르면 그 차액으로 집을 한 채 더 사고…. 그러니 갭 투자는 부동산 상승기에나 가능하다. 하지만 부동산 시장은 상승기만 있는 것이 아니라 하락기도 엄연히 존재한다.

하락기에 접어들기 전에 집을 팔아야 하는데, 그리 간단한 문제가 아니다. 하락기를 먼저 알기도 쉽지 않거니와 집값이 떨어질 때는 잘 팔리지 않는다. 이때는 손해를 감수하고라도 처분해야 하지만, 그리 쉽게 결정하지 못한다. 돈을 벌기 위해 집을 샀기 때문에 하수일수록 손해를 보면 팔지를 못한다. 점점 더 손해가 커지다 보면 걷잡을 수 없어 종국엔 사기죄로 잡혀간다(임대인에게 압류할 재산이 없다면 강제집행은 힘들겠지만, 형법에 의해 처벌받을 수 있다).

민법 제162조 1항에 따르면 "채권은 10년간 행사하지 아니하면 소멸시효가 완성한다"고 되어 있다. 임차인은 소송을 통해 보증금을 회수(강제집행)할 수 있고 10년 안에 회수가 안 되면 다시 연장할 수 있다. 2013년 8월 13일 개정된 주택임대차보호법 제3조 3(임차권등기명령)에 따르면 임대차가 끝난 후 보증금이 반환되지 않은 경우 임차인은 임차주택의 소재지를 관할하는 지방법원·지방법원지원 또는 시·군법원에 임차권등기명령을 신청할 수 있다.

보증금을 못 받은 임차인(세입자)이 임차권등기를 하면 이사를 가도 이미 취득한 대항력과 우선변제권을 잃지 않고 유지할 수 있게 해준다. 문제는 등기부등본(현 등기사항전부증명서)에 임차권등기가 되어 있으면 다른 세입자를 구하기 힘들어진다. 새로운 세입자가 임대차 계약을 맺고 살다가 집이 경매로 넘어가면, 전 세입자(임차권등기자)보다 후순위가 되어 보증금을 돌려받지 못하는 사태가 발생한다. 그래서 임대차 계약서에 "입주 시까지 임차권등기를 말소하겠다"는 특약을 넣어도 새로운 세입자는 불안할 수밖에 없다. 그러니 이런 집보다는 등기부등본이 깨끗한 집을 먼저 찾게 된다.

임차권등기명령 제도는 IMF 외환위기 때 임대차계약이 종료되었음에도 불구하고 기존 임차인에게 보증금을 돌려줄 수 없는 상황으로 부작용과 후유증 때문에 1999년 긴급히 도입하게 되었다(그 당시에는 전세나 월세가 급락해 차액만큼 돌려줘야 했고 세입자마저 구하기 힘들었다). 임차권등기명령이 오히려 감정싸움으로 번져 또 다른 분쟁을 일으키거나 경매를 부추길 수 있기에 많이 알려지지 않은 것 같다. 최근에도 강남과 수도권에 '역전세난'이라는 기사가 종종 눈에 띈다.

모든 갭 투자가 다 실패하는 것은 아니기에 성공사례도 나오는 것이다. 갭 투자에 도움이 될 만한 동영상이 있어 소개한다. QR코드 또는 유튜브 사이트에 들어가 제목을 검색해서 찾아보면 된다. 요즘은 블로그나 카페에서 자세히 설명해주는 곳이 많으니 직접 찾아봐도 된다. 이 책으로 경매의 전체적인 흐름을 이해하고 더 궁금한 사항은 여러 사이트를 참조하면 좋을 것 같다.

 동탄 아파트 48채 경매로 나왔다.
갭 투자 실패 이유. 지금 해도 괜찮을까?
https://www.youtube.com/watch?v=g05tqZs6jGo

경매를 해본 입장에서 이쪽의 설명이 더 와 닿는다.

동탄 갭 투자 아파트 46채 경매의 진실

 1부   2부   3부

1부 : https://www.youtube.com/watch?v=-8EUTHN07qE
2부 : https://www.youtube.com/watch?v=g1Sa0kpbmDM
3부 : https://www.youtube.com/watch?v=B6lCW2qEkWc

추가로 2009년 당시, 3억으로 6년 동안 아파트 74채를 구입한 임대업자가 보증금 반환 시기에 갚지 못해 사기혐의로 구속영장이 발부되었다는 기사와 2017년, '전세를 월세로 돌려 2억 원을 확보해 4년 뒤 아파트 24채를 살 수 있다'는 갭 투자 컨설팅이 극성이라는 기사도 소개한다.

"고모(48) 씨는 2001년 3억 원으로 광주시 북구에 있는 중소형 아파트 4채를 구입했다. 그는 이 아파트를 담보로 은행에서 대출을 받고 전세보증금을 보태 아파트를 더 사들이는 방식으로 아파트 숫자를 늘리기 시작했다.

같은 해 12월 고 씨의 아파트는 10채를 넘어섰다. 7개월 만인 2002년 7월에는 20채를 돌파했다. 넉 달 뒤인 그해 11월에 10채를 더 구입해 30채, 다시 넉 달 뒤인 2003년 3월에는 40채를 돌파했다. 2003년 7월에는 한꺼번에 11채를 구입, 보유한 아파트 수가 53채가 됐다. 같은 해 10월에는 9채를 구입해서 62채가 됐다. 2005년 5월 70채를 돌파했고 2006년 2월 마지막으로 74채가 됐다. 5년 만에 무려 아파트 74채를 손에 넣은 '부동산 거부(巨富)'가 된 것이다. 그러나 2003년 말부터 전세보증금 반환이 시작됐다.

최종적으로 고 씨의 재무 상황은 알거지 상태였다. 은행 대출금은 25억 원이었고 세입자에게 돌려줘야 할 전세보증금은 31억 원이 돼 사실상 빚이 56억 원으로 늘어났다. 반면 74채 아파트의 총 시가는 42억 원에 불과했다. 매달 갚아야 하는 은행 대출금 이자만 1500여만 원에 달했다. 그는 대출금 이자까지 전세보증금으로 돌려막아야 했다. 전세보증금을 돌려주는 데는 또 다른 전세보증금을 썼다. 결국 피해를 입은 세입자들과 은행의 고소·고발이 잇따르면서…."

– 조선일보 "종잣돈 3억으로 아파트 74채를 어떻게 샀을까" 2009. 01. 03 –

"지금 3억 원짜리 전세에 살고 계시다고요? 일단 당장 '1억 보증금 월세'로 돌려서 현금 2억 원을 확보하세요. 딱 4년 뒤면 아파트 24채를 가진 자산가가 될 수 있습니다.

기자가 5일 오후 서울 동대문구 신설동역 입구의 '수퍼리치 클럽'이란 갭투자 컨설팅 사무실을 방문하자 상담원이 이렇게 말했다.

최근 서울을 중심으로 수도권 부동산 시장이 과열 조짐을 보이면서 갭 투자가 기승을 부리고 있다. 갭 투자 관련 업체와 사이트가 온·오프라인에서 우후죽순처럼 생겨나고, 실제 부동산 거래 현장에서는 '최근 갭 투자가 급증하고 있다'고 입을 모은다.

익명을 요구한 한 부동산 전문가는 '갭 투자는 정상적으로는 시장에 참여하지 못할 사람들이 끼어든다는 점에서 시장 교란 행위'라고 지적했다. 갭 투자는 값이 오를 때 수익률이 높지만, 내릴 때 손실이 크다는 점에서 위험성이 높다. 특히 집값과 전세 시세가 동반 하락할 경우가 문제다. 정부로서는 갭 투자를….'

– 조선일보 "2억으로 집 24채 어떻게 가능했을까?" 2017. 6. 11. –

나는 갭 투자를 권하지 않는다. 내가 새가슴이라 그럴 수 있지만, 종국에는 한 방이 아닌 꾸준한 수익을 원하기 때문이다. 다만, 대출은 잘 활용해야 한다. 시중 은행인 1금융권보다 저축은행, 카드사, 보험사, 캐피탈, 단위농협 등 2금융권이 금리는 높지만, 대출을 많이 해준다. 나는 주로 1금융권을 이용하지만, 경만 형님은 2금융권을 이용한다. 나는 월 100만 원의 이자를 지불하지만, 경만 형님은 일 100만 원의 이자를 지불한다. 이율이 높아도 수익이 많으면 아무 문제가 없다. 나도 장차 2금융권을 이용할 생각이다.

낙찰 후, 아파트의 경락잔금대출은 낙찰가의 80% 또는 감정가(시세)의 70% 선에서 대출이 가능하다. 하지만 정부의 대출규제로 인해 점점 낮아지고 있으니 입찰 전에 미리 확인해야 한다. 상가나 단독

주택의 경우에는 대출금이 더 적기 때문에 1금융권과 2금융권을 같이 이용하는 방법도 있다.

입찰하러 법원에 갈 때마다 품었던 궁금증 하나가 바로 아파트의 낙찰가였다. '급매물과 1,000만 원 밖에 차이가 안 나는데 왜 그렇게 아파트에 사람들이 몰리는지?' 명도나 연체된 관리비, 예상치 못한 수리비 등을 생각하면 실익이 거의 없다고 봐야 한다. 심지어 매매가보다 더 높게 낙찰되는 아파트도 있다. 그 이유 중 하나가 일반 매매보다 경락잔금 대출이 많아서 그렇다고 한다.

나는 아버지의 영향으로 빚을 지면 큰일나는 줄 알았다. 하지만 첫 집을 장만하며 퇴직금 중간정산과 은행대출을 받았다. 그러니 봉급쟁이 월급으로 생활비와 대출금도 갚기 빠듯해 종잣돈을 모을 수가 없었다. 그래서 택한 것이 살던 집을 담보로 추가 대출을 받아 경기도 소재의 재건축 아파트에 투자했다. 나중에 소개하겠지만, 재건축 아파트는 두 번이나 실패했기에 더 이상 쳐다보지 않는다.

종잣돈을 모을 여력이 없다면 돈을 빌리거나 투자자를 찾는 방법도 있다. 요즘은 온라인 플랫폼에서 개인 간 대출을 중개해주는 P2P 대출이라는 것도 있다. 하지만 임원진이 투자금을 멋대로 사용하거나 대표가 투자금을 들고 잠적하는 사례도 있다고 하니 조심해야 한다. 이런 사이트가 있다는 것을 오래전에 알았지만, 한 번도 이용해보진 못했다. 만약, 이용한다면 투자를 하는 쪽이 아니라 투자를 받는 쪽으로 해보고 싶다.

03. 경매 물건 찾기

　경매를 위한 종잣돈을 마련했다면 그에 걸맞은 물건을 찾아야 한
다. 나의 경우에는 자금이 항상 부족해 경기도와 춘천에 있는 물건
위주로 입찰했다. 자가용을 이용하면 의정부지방법원이 가깝지만,
대중교통(전철과 itx)을 이용할 때는 춘천법원이 훨씬 편했다. 집에서
가까운 곳을 먼저 찾아보길 바란다. 가까워야 한 번이라도 더 가게
되고 시세 파악이 용이하다.

　《이기는 부동산 투자》라는 책에서 3,000만 원으로 서울의 빌라
를 낙찰받아 짭짤한 수익을 거두었다는 글도 있다. 하지만 나는 그
런 물건을 찾지 못했다. 처음부터 서울의 물건이 비싸다는 선입견
때문이었는지 모르나, 쇠락한 집단 상가 말고는 싼 물건이 없었다.
아니면 한참 배우던 시기라 물건을 못 찾은 것일 수도 있다. 내가 경
매에 입문한 시기는 2008년 금융위기 무렵이다. 이제는 건축을 배
우려 하니 분양이 안 되어 기존의 건축업자도 손을 놓을 판이다.

　뒤늦게 다시 생각해보니 3,000만 원 투자는 순수 종잣돈으로 추
가 대출금을 제외한 금액이었다. 갭 투자나 내가 뒷부분에 소개한

춘천의 단독주택이나 연립과 별반 다르지 않다고 본다. 어떤 원리로 그게 가능한지, 서울의 다세대주택 투자 동영상과 빌라투자 할 때 조심해야 할 사항을 같이 소개한다.

[경매강의] 3000만원으로 서울에 내집산다!
[소액투자] 부동산 재테크로 부자되기
https://www.youtube.com/watch?v=DTbpdjNsgW4

다세대 빌라 경매 절대 받지마!!!
소액 투자가 아니라 까먹는 투자가 된다
https://www.youtube.com/watch?v=7M1fXd761w4

　

2008년 이전에 경매를 시작한 사람들은 돈을 많이 벌었다. 높게 낙찰받아도 자고 나면 올라, 망하는 사람이 없어 모두가 고수였다. 그래서 '운칠기삼'이란 말이 있지 않던가. 정말 돈을 많이 번 사람들은 '운구기일'이 맞는 것 같다. 그렇다고 모두 요행이란 말은 아니다. 미리 준비했기에 그런 운을 놓치지 않은 것이다. 내 사주가 큰 부자는 아니어도 남한테 아쉬운 소리는 안 하고 산다고 했는데 아직까지 금전 운이 좋은 줄 모르겠다. 사주를 공부하던 지인도 내게 흙 토(土)가 세 개나 들어 있어 부동산이 잘 맞을 거라 했지만, 아직은 모르겠다. 그래도 다행히 망하지는 않았다. 오히려 돈을 많이 번 사람들이 과한 욕심에 더 크게 투자하다 망했다.

애당초 자본이 없어 돈을 마련하는 대로 입찰했기에 대부분 자잘한 물건이 많았다. 그러다 보니 수익률이 높아도 손에 쥐는 돈은 적었다. 공매로 330만 원에 낙찰받은 1/3 지분의 임야는 분할소송을 거쳐 1,110만 원에 팔렸지만(2016타경703535, 3,330만 원에 낙찰) 세금을 제하니 400만 원도 채 못 건졌다. 그래서 600만 원에 낙찰받는 1/2 지분 물건은 분할소송 후 내가 낙찰받으려 했지만, 다른 사람이 가져갔다. 1,530만 원에 팔렸는데 세금을 제하니 500만 원 밖에 못 건졌다(2016타경51602, 3,060만 원에 낙찰). 그나마 양도소득기본공제 250만 원 혜택을 받아 세금을 덜 냈다.

토지의 양도세는 2년 이상 보유 시, 기본세율 +10%가 추가되지만 2년 미만은 40%, 1년 미만은 50%의 세율이 적용된다. 둘 다 전자소송으로 진행했기에 일반소송보다 송달이 빨라져 분할소송부터 강제경매로 소유권이 이전되기까지 1년 내외로 끝났다. 토지를 낙찰받으면 장기보유를 하거나 건물을 지어 양도세를 절세하는 방법을 찾아야 한다. 경매를 시작할 때 '소액 투자로 얼마나 벌겠는가!' 싶었다. 그리고 수익을 내서 그 일부를 세금으로 내는 것이라 그리 신경을 쓰지 않았다. 하지만 '가랑비에 옷 젖는 줄 모른다'거나 '배보다 배꼽이 더 크다'는 뜻을 확실히 체득하고야 말았다.

2014년 말에 수익을 정산하니, 취·등록세와 양도세 등을 합산한 금액이 5,000만 원을 넘겼는데, 정작 손에 쥔 돈은 2,500만 원밖에 안 되었다. 2,000만 원의 손실이 발생했을 때도 세금은 고스란히 납부했다. 그러다 보니 수익보다 세금을 더 많이 내는 어처구니없는 일이 벌어졌다. 어쨌든 경매 투자를 하기 전에 부동산과 주식으로 손해 본 2,300만 원가량의 돈은 모두 만회했다. 그 뒤로 담배가격이 2배로 올랐던 2015년 1월 1일 자로 아주 오랫동안 피웠던 담배를 끊었다. 얼마나 세금을 내기 싫었으면 지금도 담배 생각이 나지 않는다. 그전에는 무수히 금연을 시도했다가 끝내 실패했다.

부동산을 사고팔 때 세금을 미리 염두에 두고 거래하는 것을 권한다. 몇 년에 한두건은 크게 문제없지만 한 해에 여러 물건을 매도할 때는 양도세가 합산되기 때문에 절세가 중요하다. 장기보유특별공제를 활용하거나 양도세 신고를 할 때 손해 본 물건과 수익이 난 물건을 합산하면 절세할 수 있다. 하지만 나의 경우는 손실의 대부분이 은행이자라 필요경비로 인정되지 않았다.

한 번은 3억 6,000만 원짜리 아파트에 입찰했다가 100만 원 차이로 고배를 마셨다. 그 뒤로 급하게 도봉구의 아파트를 감정가 대비 70%인, 2억 5,000여 만 원에 낙찰받아 2년 만에 2,000만 원의 손실을 봤다. 오히려 감정가 2,500만 원짜리 춘천의 연립을 153%에 낙찰받아 수리 후 2,300만 원의 수익을 올렸다. 이제는 물건을 보는 눈이 제법 높아져 수익성을 따지다 3년 넘게 낙찰을 받지 못했다. 대신, 낙찰받은 물건을 정리하느라 소송을 많이 했다. 저렴한 물건이나 비싼 물건이나 명도나 소송에 들어가는 품은 똑같다.

최근엔 건물을 지을 수 있는 서울 물건을 알아보고 있다. 처음부터 지방에서 시작하면 서울로 진입하기 힘들다. 하지만 자본이 부족했기에 그리 선택했다. 돌이켜보면 반드시 자기 자본에 맞춰 입찰할 필요는 없다. 지분 투자를 할 수 있기 때문이다. 정말 좋은 물건은 여러 사람과 지분으로 입찰해 수익을 나누면 된다. 단, 투자 목적이나 기간 등을 확실히 정해야 다툼이 생기지 않을 것 같다.

'그러면 어떤 물건을 찾아야 하나?' 아파트, 단독주택, 다세대, 상가, 빌라, 토지, 어떤 물건이 가장 수익이 높을지 사실, 나도 잘 모른다. 다만 부동산의 정보가 기록된 등기사항전부증명서(예전에는 등기부등본이라 불렀고, 2018년 7년 6일부터 세로양식에서 가로양식으로 바뀌었다)를 살펴봤을 때 [을구]의 순위에 근저당이 제일 빠른 것을 찾으면 된다.

등기사항전부증명서의 [표제부]에는 부동산의 표시가, [갑구]에는 소유권에 관한 사항이, [을구]에는 소유권 이외의 관리에 관한 사항이 기록되어 있다. 대다수의 물건이 모두 근저당 뒤에 가압류(압류), 가처분, 가등기 등이 나온다.

04. 등기사항전부증명서

[토지] 경기도 가평군 상면 연하리 □□ □				고유번호 1155-1□□□ □□□□□
【 을 구 】		(소유권 이외의 권리에 관한 사항)		
순위번호	등 기 목 적	접 수	등 기 원 인	권 리 자 및 기 타 사 항

1
(전 9)
	근저당권설정	1997년3월14일
		제3355호
			1997년3월14일
			설정계약
				채권최고액 금일억오천육백만원정
				채무자
				백□□
				  가평군 하면 상판리 474-7
				권□□
				  가평군 하면 상판리 474-7
				윤□□
				  가평군 하면 현리 44-1
				근저당권자 현화싱가신용협동조합 115541-0000741
				  가평군 하면 현리 265-16
				공동담보목록 제52호

1-1 (전 9-1)	1번근저당권담보추가			공동담보목록 제53호 1997년3월15일 부가
2 (전 10)	지상권설정	1997년3월14일 제3356호	1997년3월14일 설정계약	목 적 건고한 건물 또는 수목의 소유 범 위 토지의전부 존속기간 1997년 3월 14일부터만30년 지상권자 현화싱가신용협동조합 115541-0000741 가평군 하면 현리 265-16 부동산등기법시행규칙부칙 제3조 제1항의 규정에 의하여 1번 내지 2번 등기를 1998년 12월 29일 전산이기

　　일반적으로 부동산을 구입할 때 은행 대출을 받으면 '근저당'이 가장 먼저 기재되고, 그 뒤로 사업실패나 기타 사정으로 세금이나 의료보험 등을 체납한다. 이때는 '압류'가 되는 것이고 은행이나 카드사 등에 채무를 갚지 못하면 '가압류'가 된다. 개인 간 거래도 근

저당이나 가압류가 가능하다. 가처분은 소송 전이나 소송 중에 법원 명령으로 재산을 처분하지 못하게 등기부에 기재하는 것이다. 가등기는 매매 등으로 인해 장래에 본등기를 하겠다는 예비 등기다.

근저당이 가장 먼저 기재된 물건(선순위)은 그 뒤로 가압류, 가처분, 가등기가 있어도 모두 문제없다. 심지어 소유권이전등기(소유자 변경)를 해도 선순위 근저당의 효력이 없어지지 않아 낙찰받으면 모두 말소시킬 수 있다.

[을구]의 순위에 근저당보다 앞선 가압류, 가처분, 가등기, 전세권, 지상권 등이 있다면 어떻게 될까? 이런 권리분석이 복잡한 물건을 특수 물건이라 한다. 이런 물건은 수차례 유찰되어 낮은 가격으로 낙찰받을 수 있어 '리스크가 큰 만큼 수익이 높다.'

초보자들은 무조건 피하고 볼 일이다. 높은 수익을 바라고 특수 물건만 찾아다니다 힘만 빠지는 경우가 많다. 이런 물건은 많지도 않아 나올 때까지 기다리다 세월 다 간다. 게다가 권리분석을 잘못하면 입찰 보증금을 날리거나 낙찰가보다 더 큰 금액을 인수할 수 있다. 그러니 일반 물건을 한 개라도 더 받아 조금씩 수익을 올리는 편이 훨씬 현명하다. 특수 물건은 나중에 조금씩 더 다루겠다. 자세한 경매 이론은 시중에 많은 책이 있으니 따로 공부하는 것이 좋을 것 같다. [표제부]와 [갑구]도 궁금한 사람을 위해 좀 더 설명한다.

[표제부]는 앞서 소개했듯 부동산의 소재 지번과 면적 등을 알 수 있다. 일반적으로 건물만 나오거나 토지만 나온 경우도 있고, 건물과 토지가 같이 나온 집합건물도 있다. 간혹 매각물건 명세서(경

매 입찰 7일 전 법원에서 조사한 기록을 볼 수 있는 문서)의 물건비고란에 '토지
별도등기'라는 문구가 있다.

등기사항전부증명서(말소사항 포함) - 토지 [제출용]

표시번호	접 수	소 재 지 번	지목	면 적	등기원인 및 기타사항
1 (전 5)	1993년9월1일	경기도 가평군 상면 연하리 ::: :	답	569㎡	부동산등기법시행규칙부칙 제3조 제1항의 규정에 의하여 1998년 12월 29일 전산이기

건물이나 토지만 있는 등기부가 아닌 다세대주택, 아파트, 오피
스텔 등 집합건물에도 가끔 나온다. 집합건물이란, 한 동의 건물에
여러 개의 독립된 건물로 구분해 각 부분을 별개의 부동산으로 소유
하는 형태의 건물을 말한다.

감정평가서에 토지가격이 포함된 것은 소유권을 이전 후 등기할
수 있다. 그런데 건물마다 소유자가 있는 구분등기가 아닌 지분형태
의 공동등기인 경우에는 문제가 된다. 복잡한 권리 관계가 정리되어
있지 않으면 단독으로 등기를 할 수 없다. 공동주택의 특성상 '현재
의 구분건물소유명의인'과 공동으로 대지사용권의 이전등기를 신청
하거나 소송을 통해 등기할 수밖에 없기 때문이다.

내가 낙찰받은 상가 중 인터넷으로 등기사항전부증명서를 발급
받으려니 '과다등기부'로 나온 것이 있었다. 결국, 춘천 등기소에서
발급받았는데 소유자가 많다며 일부만 출력해주었다. 대략 20여 장

으로 부동산소유권이전등기촉탁을 무사히 마쳤다.

그 뒤로 의정부 등기소에서 같은 등기부를 한 번 더 발급받은 적
이 있는데 건물과 토지 모두 200장 내외로 책 두 권 분량이 나왔다.
발급매수에 따라 발급비용이 부과되어 100원 모자란 3만 원을 냈
다. 예전에 발급받은 기억을 토대로 20여 장 애기를 했지만 "이렇게
밖에 발급이 안 된다"고 한다. 나중에 인터넷 등기소에서 등기기록
유형을 확인해보니 전부(말소사항포함, 현재유효사항)와 일부(현재소유현황,
특정인 지분, 지분취득이력)로 발급받을 수 있다.

의정부 등기소 담당자는 '말소사항포함'으로 발급해준 것 같은
데 필요에 따라서 '특정인 지분' 등으로 선택해 발급받으면 된다.
등기기록 유형에 대한 설명은 인터넷 등기소, 등기사항전부증명서
를 발급받는 페이지 아래 자세히 나와 있다. 담당자를 잘 만나면
일이 수월해지지만, 일을 막 배우는 사람도 있으니 내가 먼저 알고
있어야 한다.

【 갑 구 】			(소유권에 관한 사항)	
순위번호	등 기 목 적	접 수	등 기 원 인	권 리 자 및 기 타 사 항
1 (전 12)	소유권이전	1996년11월4일 제14280호	1996년10월27일 매매	소유자 □□□ □□□□5-******* 가평군 하면 상판리 □□□
2 (전 13)	압류	1998년4월18일 제5747호	1998년3월11일 압류(세산46900-816)	권리자 국 처분청 남양주세무서 부동산등기법시행규칙부칙 제3조 제1항의 규정에 의하여 1번 내지 2번 등기를 1998년 12월 29일 전산이기
3	압류	1999년5월7일 제7565호	1999년5월7일 압류	권리자 가평군

[갑구]에는 소유권에 관한 사항이 나온다. 매매로 인한 소유권의 변동이나 세금 미납으로 인한 압류(가압류) 등이 기재된다. 또한, 가처분이나 강제경매개시결정 등 소송과 관련된 내용도 기재된다. 강제경매의 경우는 소송에 의한 판결문을 통해 집행하는 것이고 임의경매는 은행 등에서 근저당 설정을 근거로 법원의 소송 없이 바로 진행하는 것이다. 가끔 전세권자가 보증금을 못 받아 임의경매를 하는 경우도 있다. 경매 신청을 한 채권자나 전세권자는 민사집행법상 배당요구를 하지 않아도 당연히 배당에 참가할 수 있다.

공매는 근저당보다 후순위인 압류권자(국가)가 한국자산관리공사를 통해 압류재산을 처분하기도 한다. 이럴 경우, 담당자에게 문의하면 압류보다 앞선 선순위 근저당이 말소되는지 알려주기도 한다(경매에서는 후순위 압류인 국세와 지방세가 먼저 배당받는지 알 수가 없다). 강원지역본부의 경우, 낙찰 시 매각결정통지서와 더불어 소유권 이전 안내문을 같이 보내주었다. 필요한 서류와 취·등록세 비용, 소유권이전과 말소등록에 따른 등기비용 등이 적혀 있었다. 매우 유용했지만, 정식공문은 아니고 담당자가 별도로 만든 안내서 같았다. 2014년도에 받아보았기에 해당 서비스가 아직도 있는지 모르겠다.

조세(국세와 지방세)는 국세기본법 81조 13(비밀유지)에 의해 원칙적으로 공개가 금지되어 있다. 그러나 국세징수법 제7조의2(체납자료의 제공)와 제61조(공매)에 근거해 국세징수 또는 공익 목적을 위해 필요한 경우 신용정보회사 또는 신용정보집중기관에는 이를 제공할 수 있다. 따라서 경매 입찰자에게는 조세의 순위를 알려주지 않는다.

세금이 발생해 확정된 법정기일이 등기의 설정일자(근저당, 주택임대차의 경우 우선변제권의 발생일 포함)보다 우선이면 배당순위가 앞서게 된다. 다행히 조세는 금액이 크지 않기에 대부분 신경 쓰지 않는다.

TIP

경매의 배당순위는 경매 비용을 제하고 경매 목적물에 사용된 필요비와 유익비, 임대차 보호법에 의한 보증금 일부(임금채권의 경우 최종 3개월분의 임금, 3년간의 퇴직금 및 재해보험), 경매 부동산에 부과된 국세와 지방세 그리고 가산금(당해세), 저당권 및 임차권 그리고 전세권에 의해 담보되는 채권, 근로관계로 인한 채권, 일반조세채권, 공과금(국민연금, 건강보험료, 산업재해 보험료), 가압류나 가처분 같은 일반채권 순이다.

05. 법원경매 사이트와 사설경매 사이트

요즘은 책자로 된 경매지를 구입하거나 입찰 일주일 전에 해당 경매계를 찾아가 매각물건 명세서를 확인하는 사람은 드물 것이다. 매각물건 명세서를 열람하는 이유는 민사집행법 제105조(매각물건명세서 등)에 의해 경매 물건을 검토할 수 있기 때문이다. 부동산의 표시, 점유자와 관련된 사항, 관계인의 진술, 등기된 부동산에 대한 권리 또는 매각으로 효력을 잃지 않는 사항 등등….

입찰 전에 법대 앞에 놓인 매각물건 명세서를 보는 사람도 거의 없다. 누가 어떤 물건을 보는지 살피면 잠재적 경쟁자를 알 수 있다. 하지만 요즘은 매각물건 명세서를 꺼내놓지도 않는 것 같다. 내가 처음 경매를 배울 때는 매각물건 명세서를 확인하라고 해서 입찰전에 꺼내놓은 것을 꾸준히 봤는데 점차 안 보게 되었다. 사설경매 정보지에 나온 등기부와 법원경매정보 사이트의 현황조사만 봐도 충분했기 때문이다. 하지만 매각물건 명세서는 경매를 진행하기 위해 법원에 제출된 서류이므로 복잡한 물건이나 초보자들은 꼭 확인하기 바란다(간략한 매각물건 명세서는 입찰 일주일 전에 법원경매정보 사이트에서 확인할 수 있다).

　만일, 인터넷을 할 줄 모르면 경매에 앞서 당장 컴퓨터부터 배우길 권한다. 인터넷을 모르면 여러 가지 제약이 따른다. 경매 물건을 찾는 것은 물론, 소장을 제출할 때도 전자소송으로 해야 모든 자료를 확인하기 좋고 송달기간도 짧아져 빨리 끝낼 수 있다.

　경매 물건을 찾는 방법은 국가에서 운영하는 사이트나 사설경매 사이트를 이용하면 된다. 법원경매정보 사이트(http://www.courtauction.go.kr/)에 접속하면 좌측 상단에 대한민국 법원 법원경매정보가 표시되고 그 옆으로 '경매 공고/경매 물건/매각통계/경매 지식/이용안내' 등의 항목이 있다. 한 번씩 들어가서 어떤 내용이 있는지 확인해보면 도움이 된다.

경매 물건을 클릭하면 좌측에 물건상세검색, 지도검색, 기일별 검색, 자동차 중기검색, 다수조회물건 등등 선택할 수 있는 항목이 나온다. 입찰하고 싶은 물건을 검색하되, 앞서 소개했듯 초보자들은 특이사항이 없는 일반적인 물건부터 찾기를 권한다.

등기부등본 [을구]에 근저당이 앞선 아파트, 빌라, 오피스텔, 단독주택, 다가구주택 등등…. 자신의 금전적 형편에 맞춰 물건을 찾되 상가는 주의해야 한다. 상가의 경우, 임대가 안 되면 관리비만 지불하는 애물단지가 된다. 이런 상가는 팔리지도 않아 더 문제다. 더욱이 개인이 마음껏 업종을 변경할 수 있는 개별상가가 아닌 정해진 품목을 파는 전문상가는 더 위험하다. 경매 물건뿐 아니라 전문상가를 분양받은 사람은 막대한 손해를 볼 수 있다. 전문상가는 고객을 끌어들이기 좋지만, 상권이 쇠락하면 혼자서 되살릴 방법이 없다.

강변역 테크노마트의 경우, 2009년도에 경매 물건을 보러 갔을 때 감정가 대비 26.2%까지 떨어진 적도 있었다. 그 당시 11.7㎡(3.35평)의 상가 관리비가 대략 월 40~50만 원 정도 든다고 했다. 나중에 확인해보니 7%에 낙찰된 물건도 있었고 2013년에는 감정가 대비 최저 8.78%에 낙찰되었다. 2019년 이후에는 13번이나 유찰되어 5.49%까지 떨어진 경우도 있다.

국가에서 운영하는 경매 사이트는 하나지만 사설경매정보 사이트는 아주 많다. 굿옥션이나 지지옥션같이 유명한 사이트는 자료도 많고 자세한 만큼 비용이 만만치 않다. 요즘은 가격 대비 저렴한 사이트도 많아 가성비 좋은 사이트를 이용하고 있다. 무료 사이트는 자료가 부실하긴 하지만 법원경매정보 사이트보다 물건을 찾기에 편하다. 무료 사이트의 단점은 회원을 가입해 물건을 찾다 보면 '상담을 받아보라'는 광고성 전화가 온다. 굿옥션은 지신에서 '경매꾼' 공부할 때 처음 사용했고 그 뒤로 춘천 물건을 볼 때도 이용했다. 최근엔 책을 출간하기 위해 굿옥션에 자료를 사용하겠다고 미리 양해를 구했다.

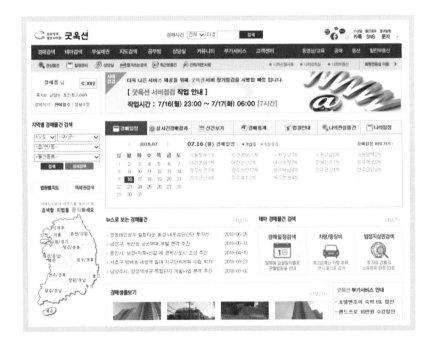

초보자들에게는 굿옥션 같이 자료가 많은 사이트를 권한다. 전국 요금은 비싸지만 해당 지역별 요금은 상대적으로 저렴하다. 굿옥션 외에 자신에게 맞는 사설경매정보 사이트를 찾아도 된다. 앞서 얘기

월급쟁이, **부동산 경매**로 벤츠 타다

했듯 근저당이 제일 앞선 물건을 찾되, 경매 사이트만 믿지 말고 등기부등본도 꼭 확인해야 한다.

06. 부동산 임장

　사설경매 사이트를 가입하는 이유는 여러 가지 편리한 장점 때문이다. 유찰된 물건의 다음 기일을 바로 알 수 있고 과거 낙찰 사례를 찾아볼 수 있다. 등기사항전부증명서나 전입세대열람 같은 서류도 무료로 볼 수 있다. 권리분석을 제공하고 건축물대장, 토지이용계획 확인원 등과 연계되어 자료 접근이 용이하다.

　오래되고 유명한 사이트일수록 부가 서비스가 늘어나는 만큼 요금이 비싸지기 때문에 자신의 호주머니 사정에 맞춰 이용하면 된다. 하지만 아무리 사설경매 사이트가 좋아도 입찰 전에는 반드시 법원 경매정보 사이트에서 변동사항을 확인해야 한다. 사설경매 사이트는 취하나 변경, 기각 등의 사유가 늦게 올라올 때가 있어 허탕을 칠 수 있다. 입찰 바로 전에 취하되는 경우도 있지만, 미리 확인하면 헛걸음을 줄일 수 있다.

　검색을 통해 마음에 드는 물건을 찾으면 현장에 가서 물건을 확인해야 한다(나의 경우에는 임장을 가기 전에 다음 지도의 로드뷰로 주변을 먼저 살펴봤다. 지금은 카카오 맵으로 명칭이 바뀌었다). 외관이나 설비가 감정평가서와 일치하는지, 주변에 혐오시설이나 소각장 등 추후에 문제가 될 만한 것은 없는지 등등, 이렇게 현장에 가서 직접 확인하는 것을 '임장'이라 한다. 건물의 상태가 좋을수록 수리비가 적게 들고 주변 입지가 좋아야 부동산의 가치가 오른다. 학교나 전철, 공원, 대형 할인마트, 병원과 달리 쓰레기 소각장, 소음과 분진, 냄새나는 공장, 유흥가, 철탑 등이 있는 곳은 확실히 차이가 있다.

예전에 한 지인은 임장을 갔더니 감정평가서에 나온 아파트 평수보다 더 큰 평수라 가격을 올려 입찰했다고 한다. 경락가를 높였지만, 짭짤한 재미를 봤다고 한다. 감정평가가 잘못된 것을 채무자가 알았다면 바로 이의 신청을 했을 텐데 그럴 경황이 없었던 모양이다. 이런 경우는 매우 드물고 대부분 관리가 안 되어 누수나 하자보수로 인해 돈 쓸 일만 생긴다. 심한 경우 부실공사로 인한 철거도 각오해야 한다.

아파트의 경우는 구조도 비슷하고 시세도 어느 정도 알 수 있기 때문에 큰 문제가 없다. 관리사무실에 들러 실거주자가 누구인지, 관리비가 얼마나 연체되었는지 확인한다. 관리비가 많이 밀렸을 때는 공동 관리비를 별도로 물어봐야 한다. "공용 부분에 대한 체납관리비는 낙찰자가 승계한다"는 판례(대법원 2004다3598, 3604)가 있다. 다만 연체료까지는 승계되지는 않는다. 하지만 관리사무소에서 체납관리비까지 요구하는 경우가 대부분이다. 나의 경우는 금액이 크지 않아 관리사무실에서 요구하는 금액을 그대로 대납했다. 그러나 금액이 많으면 협상을 하거나 소송까지 염두에 둬야 한다. 배당잉여금이 존재하는 경우에는 미리 가압류를 해서 체납관리비를 받을 수 있다고 한다. 하지만 관리사무실에서 할 일이다.

미납된 전기요금, 수도요금, 도시가스요금 또한, 낙찰자가 부담할 필요는 없으나 담당자가 대납을 독촉하는 경우가 많다. 처음엔 잘 모르고 내가 대납한 경우도 있다. 원칙대로 처리할 것을 요구하고, 미납을 이유로 공급을 거절하면 낙찰로 소유권이 이전된 등기사항전부증명서를 제출하면 된다.

실거주자가 집주인인지 아니면 세입자인지, 법원 현황조사서의 임대차관계에 기재되어 있는 내용이 맞는지 꼼꼼히 확인한다. 집 안을 볼 수 있으면 좋겠지만, 대부분 폐문부재(집에 사람이 없고 문이 잠겨 있다는 의미)인 경우가 많다. 낮에 일을 다니는 경우가 대부분이고 낯선 사람에게 문을 열어주는 경우도 드물다. 따라서 주변 사람들에게 물어봐야 할 때가 더 많다. 가끔 전액 배당을 받는 세입자들은 친절하게 알려주기도 한다.

　마지막으로 공인중개사 사무실에 방문해 시세를 확인해야 한다. 처음엔 경매 물건이라 말하지 않고 비슷한 조건의 아파트 가격을 문의했다. 하지만 요즘은 경매 물건 때문에 왔다고 말하고 전세나 월세를 얼마나 받을 수 있는지 묻는다. 급매물이나 주변 환경도 물어보고 더 좋은 물건이 나오면 일반매매로 구입할 생각으로 임한다. 낙찰받으면 고객이 될 수 있기 때문에 대부분 잘 알려준다.

　아파트는 일반 공인중개사도 일정교육을 받고 매수신청대리인으로 등록하면 컨설팅은 물론 대리입찰을 할 수 있다. 그래서 경매 물건을 급매물로 올려 사무실을 찾아온 손님에게 컨설팅해서 수수료를 챙기기도 한다. 문제는 패찰하면 수수료를 받기 힘들어 무조건 입찰가를 높여서라도 낙찰시키려 한다(컨설팅 몇 번에 얼마 하는 식으로 요금을 받는 곳도 있다고 한다). 간혹, 가짜 입찰자를 동원해 1,000~2,000만 원 정도 낮은 금액으로 입찰시켜 낙찰자를 안심시킨다는 소문도 들었다. 따라서 단기 매매차익을 노리고 입찰하면 실수요자들을 이길 수 없다.

　법원행정처의 매수신청대리 등 수수료 표에 따르면 상담 및 권리분석 수수료는 50만 원 안에서 당사자의 합의에 의해서 결정할 수 있다. 매각허가결정이 확정되어 매수인이 된 경우에는 감정가의 1% 이하 또는 최저매각가격의 1.5% 이하의 범위 안에서 당사자의 합의에 의해 결정한다. 최고가매수신고인 또는 매수인이 되지 못한 경우에는 50만 원의 범위 안에서 당사자의 합의에 의해 결정한다. 실비는 30만 원 범위 안에서 당사자의 합의에 의해 결정한다(원거리 출장비와 원거리 교통비이며 등기부등본, 근거리 교통비 등은 수수료에 당연히 포함된 것으로 보고 별도로 청구하지 않는다).

경매 물건 중에는 유독 꼭대기 층이 많이 나온다. 연립의 경우는 관리사무실이 따로 없어 하자 보수를 위해 미리 적립하는 장기수선충담금을 걷지 않는다(빌라는 건축법시행령, 용도별 건축물의 종류에는 해당하지 않으나 고급연립주택을 칭하는 말로 쓴다). 일반 물건이야 매입 후에도 하자가 발생한 사실을 안 때부터 6개월 이내에는 수리를 요구할 수 있다. 하지만 경매 물건은 온전히 낙찰자가 수리해야 한다. 옥상에서 누수가 발생하면 여간 골치 아픈 게 아니다.

나의 경우에는 옥상 누수가 심해 주민들이 몇 년간 돈을 모아 조만간 공사한다는 말에 낙찰받았다. 그리고 실제로 컬러강판으로 지붕을 씌웠다. 누군가 사심 없이 나서서 애쓰지 않으면 절대로 할 수 없는 일이다. 철근콘크리트조 슬래브지붕 연립은 여름엔 뜨겁고 겨울엔 춥다. 공사 후에는 좀 덜했지만, 건축 연한이 오래된 슬래브지붕의 꼭대기 층은 정말 권하지 않는다.

지붕 공사 후 앞 동 전경

도색 후 전경

낙찰받고 나서 아래층에 붙은 옆집에서 벽에 누수가 있다고 찾아왔다. 원인을 찾다 아래층 옆집 벽과 붙은 화장실을 손본 적이 있다. 하지만 수리비만 들이고 원인을 찾지 못했다. 수도꼭지를 모두 잠그고 계량기가 움직이지 않으면 누수가 없는 것이기에 아랫집 사람에게 확인시켜주었다. 몇 년 뒤, 집을 팔기 위해 리모델링 공사로 화장실 천장을 뜯었다가 원인을 찾았다. 화장실 천장 위를 지나는 공용수도관이 삭아 벽을 타고 옆집으로 물이 흘러내린 것이다. 공사하는 김에 비용을 더 지불하고 수리했다.

07. 임차인 분석

근저당이 가장 앞선 물건을 찾았으면 임장을 통해 물건을 분석하고 임차인을 확인해야 한다. 아파트나 연립의 경우는 구조가 비슷해 익숙해지면 아예 임장을 안 하는 경우도 있다. 하지만 임차인에 대한 권리분석을 잘못하면 큰일난다. 대항력(이미 발생한 법률관계를 제삼자에게 주장할 수 있는 효력) 있는 임차인이 전세금이나 보증금을 못 받으면 남은 금액만큼 낙찰자가 인수(지불)하기 때문이다. 따라서 임차인이 근저당보다 앞선 대항력이 있는지, 배당기일 내에 배당신청을 했는지 살펴야 한다.

배당기일 이후에 배당신청을 하면 안 한 것과 다름없다(대항력 있는 임차인인 경우에는 낙찰자가 인수). 해당 물건지 주민센터에서 '전입세대열람원'을 발급받으면 세대주와 동거인 등을 알 수 있다. 사설경매 사이트는 등기사항전부증명서나 전입세대열람내역서, 권리분석 등을 제공해준다. 외국인의 경우, 출입국관리사무소에 신고한 국내거소신고증이나 국내거소신고 사실증명으로 전입신고와 같은 효력을 갖는다.

요즘은 외국인이 눈에 띄게 증가하고 있지만, 외국인은 주민등록의 대상이 아니기 때문에 주택임대차보호법의 대상이 아니다. 하지만 출입국관리법 제88조의2(외국인등록증 등과 주민등록증 등의 관계)에 의하면 외국인등록증이나 외국인등록 사실증명으로 주민등록증을 갈음한다. 또한, 외국인등록과 체류지 변경신고는 주민등록과 전입신고와 동일한 법적 효력이 있다.

임차인이 배당을 받기 위해서는 주민센터에 전입신고를 하고 확정일자(법률상 인정되는 일자로 공정증서에 의한 문서로도 입증할 수 있다)를 받아야 한다. 확정일자는 경매기입등기 이후에도 유효하나 배당순위에 밀려 불리하게 된다. 근저당보다 앞서 전입신고를 하고 확정일자가 없으면 배당을 받지 못하지만, 낙찰자에게 대항력이 있다(낙찰자가 인수). 다만, 가짜 임차인의 경우라면 낙찰자가 6개월 이내 인도명령 신청을 통해 강제집행으로 부동산을 받을 수 있다.

상가의 경우는 사업자등록을 하고 배당요구종기일까지 유지해야 배당받을 수 있다. 세무서에서 '상가건물임대차 현황서'를 발급받으면 사업자등록 신청일과 임대차 기간, 보증금과 차임 등을 확인할 수 있다. 임대인은 바로 발급이 가능하고 임차인은 임대차 계약서를 가져가면 발급받을 수 있다. 그러나 제삼자는 발급받을 수 없다. 주택은 경매 관련 서류(해당 물건이 표시된 법원경매 출력물)를 지참하면 제삼자도 전입세대열람원을 발급받을 수 있다.

임차인이 대항력을 가지려면 근저당 날짜보다 먼저 전입하고 확정일자를 받아야 한다. 전입일이 근저당 날짜와 같으면 대항력을 상실한다. 그 이유는, 전입일은 익일 0시 0분에 효력이 발생하므로 날짜가 같으면 근저당보다 늦은 것으로 간주한다. 전입일이 빠르고 확정일이 같으면 안분배당(총 채권액에 대한 자기 채권비율만큼 배당받는 것)을 한다. 이런 물건은 많지도 않고 사설경매 사이트에서 권리분석 자료(참고만 하라는 면책조건이 있다)를 제공해주기 때문에 안분배당을 직접 해본 적도 없다. 전입일은 앞서는데 확정일자를 받지 않은 경우도 가끔 있다. 이 경우는 임차인이 배당에 참여할 수 없어 낙찰자가 인수한다.

임차인				배당순위	근저당 날짜	비고
전입일	확정일	우선변제권	대항력			
3.2	3.2	3.3 00:00	○	》	3.3	임차인의 미배당금은 낙찰자가 인수
3.2	3.3	3.3	○	= (안분배당)	3.3	
3.3	3.2	3.4 00:00	X	《	3.3	
3.3	3.3	3.4 00:00	X	《	3.3	

주거생활의 안정을 보장하기 위해 건물의 임대차에 관해 민법에서 특례를 규정해 '주택임대차보호법'을 만들었다. 주로 소액임차인을 보호하려는 것으로 보증금의 일부를 최우선변제해준다.

소액임차인의 경우, 우선변제를 해줘야 하므로 은행에서 방이 있는 만큼 감액하고 대출을 해준다. 따라서 근저당이 설정된 날을 기준으로 지역에 따라 우선변제 금액이 책정된다. 표에 나온 것처럼 1984년 6월 14일부터 서울은 보증금 300만 원일 경우 300만 원을 다 변제받았다. 하지만 2016년 3월 31일부터는 서울의 경우, 보증

Benz

金 1억 원 이하는 3,400만 원까지 최우선변제를 해준다.

주택임대차보호법 🖨 인쇄하기

- 주택소액임차인 최우선 변제금 : 주민등록 전입과 건물의 인도가 있어야 합니다.(매각금액의 1/2의 한도)
- 설정일의 기준은 임대차 계약일이 아닌 담보물건(근저당권, 담보가등기, 전세권 등) 설정일의 기준으로 한다.

* 주택소액임차인 최우선 변제금

담보물권설정일	지 역	보증금 범위	최우선변제액
1984. 6. 14 ~ 1987. 11. 30	특별시, 직할시	300만원 이하	300만원 까지
	기타지역	200만원 이하	200만원 까지
1987. 12. 1 ~ 1990. 2. 18	특별시, 직할시	500만원 이하	500만원 까지
	기타지역	400만원 이하	400만원 까지
1990. 2. 19 ~ 1995. 10. 18	특별시, 직할시	2,000만원 이하	700만원 까지
	기타지역	1,500만원 이하	500만원 까지
1995. 10. 19 ~ 2001. 9. 14	특별시, 광역시(군지역 제외)	3,000만원 이하	1,200만원 까지
	기타지역	2,000만원 이하	800만원 까지
2001. 9. 15 ~ 2008. 8. 20	수도정비계획법 중 과밀억제권역	4,000만원 이하	1,600만원 까지
	광역시(군지역과 인천광역시지역 제외)	3,500만원 이하	1,400만원 까지
	그 밖의 지역	3,000만원 이하	1,200만원 까지
2008. 8. 21 ~ 2010. 7. 25	수도정비계획법 중 과밀억제권역	6,000만원 이하	2,000만원 까지
	광역시(군지역과 인천광역시지역 제외)	5,000만원 이하	1,700만원 까지
	그 밖의 지역	4,000만원 이하	1,400만원 까지
2010. 7. 26 ~ 2013. 12. 31	서울특별시	7,500만원 이하	2,500만원 까지
	수도권정비계획법에 따른 과밀억제권역 (서울특별시는 제외한다)	6,500만원 이하	2,200만원 까지
	광역시(수도권정비계획법에 따른 과밀억제권역에 포함된 지역과 군지역은 제외한다.), 안산시, 용인시, 김포시, 광주시	5,500만원 이하	1,900만원 까지
	그 밖의 지역	4,000만원 이하	1,400만원 까지
2014. 1. 1 ~ 2016. 3. 30	서울특별시	9,500만원 이하	3,200만원 까지
	수도권정비계획법에 따른 과밀억제권역 (서울특별시는 제외한다)	8,000만원 이하	2,700만원 까지
	광역시(수도권정비계획법에 따른 과밀억제권역에 포함된 지역과 군지역은 제외한다.), 안산시, 용인시, 김포시, 광주시	6,000만원 이하	2,000만원 까지
	그 밖의 지역(세종시 포함)	4,500만원 이하	1,500만원 까지
2016. 3. 31 ~ 2018. 09. 17	서울특별시	1억원 이하	3,400만원 까지
	수도권정비계획법에 따른 과밀억제권역 (서울특별시는 제외한다)	8,000만원 이하	2,700만원 까지
	광역시(수도권정비계획법에 따른 과밀억제권역에 포함된 지역과 군지역은 제외한다.), 안산시, 용인시, 김포시, 광주시, (세종시 포함)	6,000만원 이하	2,000만원 까지
	그 밖의 지역(세종시 제외)	5,000만원 이하	1,700만원 까지
2018. 09. 18 ~	서울특별시	1억1천만원 이하	3,700만원 까지
	수도권정비계획법에 따른 과밀억제권역, 세종시, 용인시, 화성시	1억원 이하	3,400만원 까지
	광역시(수도권정비계획법에 따른 과밀억제권역에 포함된 지역과 군지역은 제외한다.), 안산시, 김포시, 광주시, 파주시	6,000만원 이하	2,000만원 까지
	그 밖의 지역	5,000만원 이하	1,700만원 까지

* 수도정비계획법 중 과밀억제권역 ∨ 내용더보기

• 서울특별시, 의정부시, 구리시, 하남시, 고양시, 수원시, 성남시, 안양시, 부천시, 광명시, 과천시, 의왕시, 군포시, 시흥시(반월특수지역 제외), 남양주시(호평동, 평내동, 금곡동, 일패동, 이패동, 삼패동, 가운동, 수석동, 지금동 및 도농동에 한한다.), 인천광역시(강화군, 옹진군, 서구 대곡동 불로동 마전동 금곡동 오류동 왕길동 당하동 원당동, 인천경제자유구역 및 남동국가산업단지를 제외)

chapter 1 경매 물건 찾기　　47

상가임대차보호법은 주택과 달리 환산보증금으로 계산한다. 환산보증금은 보증금과 월임대료를 합산해 계산한다.

환산보증금 = 보증금 + (월 임대료×100)

상가임대차보호법

- 상가임차인의 최우선 변제금 : 경매신청 등기전에 건물의 인도와 사업자등록을 마쳐야 합니다.(매각금액의 1/2, 개정전 2013.12.31.까지 1/3의 한도)
- 환산보증금 : 전세의 경우 보증금율, 월세의 경우 보증금×(월세 × 100)

상가건물임대차보호법 적용대상 및 우선변제권의 범위

담보물권설정일	지 역	보호법 적용대상 (환산보증금)	보증금의 범위(이하) (환산보증금)	최우선변제액
2002. 11. 1 ~ 2008. 8. 20	서울특별시	2억 4천만원 이하	4,500만원	1,350만원 까지
	과밀억제권역 (서울특별시 제외)	1억 9천만원 이하	3,900만원	1,170만원 까지
	광역시 (군지역 및 인천광역시 제외)	1억 5천만원 이하	3,000만원	900만원 까지
	기타지역	1억 4천만원 이하	2,500만원	750만원 까지
2008. 8. 21 ~ 2010. 7. 25	서울특별시	2억 6천만원 이하	4,500만원	1,350만원 까지
	과밀억제권역 (서울특별시 제외)	2억 1천만원 이하	3,900만원	1,170만원 까지
	광역시 (군지역 및 인천광역시 제외)	1억 6천만원 이하	3,000만원	900만원 까지
	기타지역	1억 5천만원 이하	2,500만원	750만원 까지
2010. 7. 26 ~ 2013. 12. 31	서울특별시	3억원 이하	5,000만원	1,500만원 까지
	과밀억제권역 (서울특별시 제외)	2억 5천만원 이하	4,500만원	1,350만원 까지
	광역시 (수도권정비계획법에 따른 과밀억제권역에 포함된 지역과 군지역은 제외한다.), 안산시, 용인시, 김포시, 광주시	1억 8천만원 이하	3,000만원	900만원 까지
	기타지역	1억 5천만원 이하	2,500만원	750만원 까지
2014. 1. 1 ~ 2018. 1.25	서울특별시	4억원 이하	6,500만원	2,200만원 까지
	과밀억제권역 (서울특별시 제외)	3억원 이하	5,500만원	1,900만원 까지
	광역시 (수도권정비계획법에 따른 과밀억제권역에 포함된 지역과 군지역은 제외한다.), 안산시, 용인시, 김포시, 광주시	2억 4천만원 이하	3,800만원	1,300만원 까지
	기타지역	1억 8천만원 이하	3,000만원	1000만원 까지
2018. 1. 26 ~	서울특별시	6억1천만원 이하	6,500만원	2,200만원 까지
	과밀억제권역 및 부산광역시 (서울특별시 제외)	5억원 이하	5,500만원 (부산:3,800만원/기장:3,000만원)	1,900만원 (부산:1,300만원/기장:1,000만원)
	광역시 (수도권정비계획법에 따른 과밀억제권역에 포함된 지역과 군지역은 제외한다.), 안산시, 용인시, 김포시, 광주시, 세종시, 파주시, 화성시	3억 9천만원 이하	3,800만원	1,300만원 까지
	기타지역	2억 7천만원 이하	3,000만원	1000만원 까지

수도정비계획법 중 과밀억제권역 ∨ 내용더보기

* 서울특별시, 의정부시, 구리시, 하남시, 고양시, 수원시, 성남시, 안양시, 부천시, 광명시, 과천시, 의왕시, 군포시, 시흥시(반월특수지역 제외), 남양주시(호평동, 평내동, 금곡동, 일패동, 이패동, 삼패동, 가운동, 수석동, 지금동 및 도농동에 한한다.)
인천광역시(강화군, 옹진군, 서구 대곡동 불로동 마전동 금곡동 오류동 왕길동 당하동 원당동, 인천경제자유구역 및 남동국가산업단지를 제외)

대부분의 물건은 근저당보다 후순위인 임차인이 많다. 임차인이 있으면 은행에서 대출을 안 해주거나 임차인의 보증금만큼 빼고 대출해준다. 따라서 근저당이 우선인 물건을 찾고 그 뒤로 후순위 임차인이 있는 물건을 찾아 입찰하면 된다.

2008타경**40499** · 의정부지법 본원 · 매각기일 : 2009.05.29(金) (10:30) · 경매 14계(전화:031-828-0366)

소재지	경기도 남양주시 화도읍 묵현리 !				301호 도로명주소검색		
물건종별	아파트	감정가	90,000,000원	오늘조회: 1 2주누적: 0 2주평균: 0 조회동향			
대지권	45.39㎡(13.73평)	최저가	(80%) 72,000,000원	구분	입찰기일	최저매각가격	결과
				1차	2009-04-23	90,000,000원	유찰
건물면적	75.015㎡(22.692평)	보증금	(10%) 7,200,000원	2차	2009-05-29	72,000,000원	
매각물건	토지·건물 일괄매각	소유자	이	낙찰 : 80,350,000원 (89.28%)			
개시결정	2008-12-18	채무자	이__	(입찰 1명,낙찰:신ㅇ)			
사건명	임의경매	채권자	(주)엘ㄹ__ ㅇㅎㄷㅇ 은행	매각결정기일 : 2009.06.05 - 매각허가결정			
				대금납부 2009.07.01 / 배당기일 2009.08.10			
				배당종결 2009.08.10			
관련사건	2009타경6755(중복)						

사진 건물등기 감정평가서 현황조사서 매각물건명세서 세대열람내역서 기일내역
물건/송달내역 사건내역 전자지도 전자지적도 로드뷰 온나라지도+

· 매각물건현황(감정원 : 중앙감정평가 / 가격시점 : 2009.01.05)

목록	구분	사용승인	면적	이용상태	감정가격	기타
건물	6층중 3층	97.04.18	75.015㎡ (22.69평)	방3등	54,000,000원	
토지	대지권		899㎡ 중 45.39㎡		36,000,000원	
현황 위치	· 경성큰마을아파트 북측 인근 위치 · 인근은 다세대주택,연립주택등 중소규모의 공동주택이 주를 이루는 주거지대임 · 근거리에 버스정류장 소재,대중교통사정 보통시됨, 본건까지 차량출입 무난함 · 부정형토지,인접도로와 대체로 등고평탄함, 아파트내외로 포장도로가 개설되어있음					
참고사항	· 외필지 591-5번지 지상 소재함(공부상 지목 "답,전"이나 현황 "대"임)					

· 임차인현황(말소기준권리 : 2001.06.08 / 배당요구종기일 : 2009.03.06)

임차인	점유부분	전입/확정/배당	보증금/차임	대항력	배당예상금액	기타
이ㅇ	주거용 전부	전 입 일: 1997.10.11 확 정 일: 2008.12.05 배당요구일: 2008.12.29	보30,000,000원	있음	예상배당표참조	남편 이ㅇㅇ

• 등기부현황 (채권액합계 : 162,400,000원)

No	접수	권리종류	권리자	채권금액	비고	소멸여부
1	2001.06.08	공유자전원지분전부이전	이		임의경매로 인한 낙찰, 2000타경78771	
2	2001.06.08	근저당	국민은행 (구리지원센터)	62,400,000원	말소기준등기	소멸
3	2008.08.18	근저당	(주)웰…	100,000,000원		소멸
4	2008.12.18	임의경매	(주)웰…	청구금액: 100,000,000원	2008타경40499	소멸
5	2009.02.23	임의경매	국민은행 (경매소송관리센터)	청구금액: 46,030,610원	2009타경6795	소멸

임장을 갔던 물건 중에 2008타경40499의 경우, 근저당보다 앞선 임차인이 있었다. 하지만 등기부현황의 비고란을 보면 알 수 있듯이 2001년 6월 8일, 임의경매로 인한 낙찰로 소유주가 변경되었다. 이 경우에는 임차인의 전입일이 앞서 있어도 낙찰로 인해 말소되고 재계약을 한 것이다. 따라서 같은 날의 근저당보다 늦은 후순위가 된다. 한 번 더 유찰될 줄 알았는데 낙찰된 것으로 보아 이런 권리관계를 아는 사람은 다 안다.

가끔 집주인이 경매개시결정 등기 이후에 임차인을 들이는 경우도 있다. 채권을 갚을 여력은 안 되고 한 푼이라도 건지려고 전세계약서를 작성하는 것이다. 주택임대차 보호법에 의해 최우선변제를 노리는 것인데 임차인도 손해가 아니다. 월세를 합산한 금액과 이사비 등을 별도로 제한 금액으로 합의하기 때문이다. 경매 절차는 최하 6개월에서 1년 이상 걸리기 때문에 임차인은 저렴한 비용으로 잠시 살고 보증금 대신 배당금을 받는다. 그래서 임차인이 사기를 당한 게 아니라 알고 들어오는 경우도 있고, 다른 이유로 가짜 임차인을 만들기도 한다.

TIP

방공제(방빼기)

은행에서 주택임대차보호법의 최우선변제제도에 대응하기 위해 만든 규정으로 대출 실행 시에 최우선변제금만큼 미리 차감을 하도록 한 것이다. 정식용어는 소액임차보증금으로 지역마다 금액이 다르다. 그 금액을 확인하는 방법은 대법원 인터넷등기소 사이트(http://www.iros.go.kr/)에서 찾아보면 된다. 인터넷등기소 홈페이지의 우측 부근에 있는 '소액임차인의 범위 안내'를 클릭하면 지역별 주택임대차보호법과 상가건물임대차보호법을 조회할 수 있다(이 책의 47페이지와 48페이지에도 소개했다).

08. 농지취득자격증명

농지인 경우, 법원 물건 주의사항에 '농지취득자격증명 필요하며 미제출 시 보증금 몰수'라고 기재되어 있다. 처음 입찰하는 사람에게는 심적 부담이 크다. 나의 경우에는 충청남도와 춘천 소재의 농지를 낙찰받았다. 앞서 소개했던 이진우 소장님이 안면도와 오천항이 개발된다는 얘기를 해서 무작정 입찰했다. 두 차례 낙찰 이후 집에서 가까운 춘천 물건을 낙찰받았다.

농지취득자격증명은 농지매수인의 농민 여부, 자경 여부 및 농지 소유상한을 확인하고 심사해 적격 농민에게만 농지의 매입을 허용해 투기적 농지 매입을 규제하고 경자유전의 실현을 도모하기 위해 만든 아주 좋은 제도다. 하지만 돈 없는 소작농이 아닌 돈 많은 지주를 위한 법인 것 같다. 몇 년간 농사를 망치면 세금이나 이자를 못내 재산을 압류당하게 된다. 이런 물건이 경매나 공매로 나와도 경쟁자가 없으니 돈 많은 지주가 헐값에 사들인다. 결국, 제값을 못 받은 소작농은 세금과 영농자금을 정리하고 나면 무일푼이 된다. 언뜻 보면 좋은 제도 같으나, 오히려 문제가 많은 제도라 생각한다. 게다가 법의 취지와 달리 지금은 유명무실해졌다.

농지취득자격증명서는 간단히 줄여 '농취증'이라 한다. 농취증은 법무사를 통해 취득하는 게 편하지만 부득이한 경우 직접 해야 할 때가 있다. 사실, 직접 하면 이틀 정도 시간을 뺏기기 때문에 별 이득이 없는 것 같다. 나의 경우는 워낙 저렴한 물건만 낙찰받았기에 법무사 비용마저 아까웠다. 맨 처음 소개했던 안면도 지분 땅을 낙찰받을 당시에는 농취증을 발급받을 줄 몰랐다. 게다가 서산지원에서 안면읍사무소까지 거리도 멀어서 법원 앞 법무사에게 맡겼다.

춘천법원의 경우, 입찰일이 월요일이라 낙찰받자마자 '입찰 보증금 영수증'과 '최고가매수신고인증명신청'서류를 받았다. 최고가매수신고인증명신청은 집행관실에서 발급해주지만, 경매법정에서 입찰 보증금 영수증과 함께 미리 내주는 경우도 있다. 해당 면사무소에 가서 농취증 신청서류를 작성하고 최고가매수신고인증명신청서를 첨부하면 된다.

춘천 물건은 낙찰받자마자 면사무소로 찾아가 신청하니 4일 후 발급되었다는 연락이 왔다. 바로 쫓아가 서류를 찾아서 법원에 제출했다. 농취증은 해당 주소지의 시·구·읍·면사무소에서 발급받을 수 있는데, 2018년 7월 5일부터 온라인 서비스가 도입되었다고 한다. 요즘은 면사무소를 행정복지센터로 명칭을 바꾼 지방자치단체가 많다. 예전의 동사무소 명칭이 주민센터로 바뀐 지 오래되었지만, 어르신들은 여전히 동사무소라 하듯이 행정복지센터가 익숙하지 않다.

최 고 가 매 수 신 고 인 증 명 신 청

사건번호　２０14 타경　　ㄱ,　부동산 강제(임의)경매

위 사건에 관하여 신청인이 최고가 매수신고인임을 증명하여 주시기
바랍니다.

(별지 부동산목록 첨부)

신 청 인 :　　　　　　(인)

주민등록번호 :

춘 천 지 방 법 원 집 행 관　　귀 중

────────────────────────────

최 고 가 매 수 신 고 인 증 명

위 사실을 증명합니다.　　　　위 증 명 합 니 다.

　년 2014 月 11 일
춘천지방법원 집행관
집 행 관

　　농지가 1,000㎡(300평) 미만인 경우에는 '농지취득자격증명서'만
필요해 발급기한은 2일 정도 걸린다. 따라서 발급된 서류는 해당 경
매계로 등기우편 신청을 하는 게 편하다. 농취증 서류는 자신이 소
유한 농지를 모두 합산해서 신고하므로 한두 번 낙찰받으면 1,000
㎡가 넘게 된다. 1,000㎡ 이상의 농지는 '농업경영계획서'를 추가로
제출해야 하는데 발급까지 4일 정도 걸린다. 이때는 낙찰 후 7일 이

내에 해당 경매계에 제출하려면 시간이 촉박하다. 실제로 농취증이
늦어지는 경우에는 해당 경매계에서 독촉 전화가 온다.

■ 농지법 시행규칙 [별지 제3호서식] <개정 2012.7.18>

농지취득자격증명신청서

※ 뒤쪽의 신청안내를 참고하시기 바라며, 색상이 어두운 란은 신청인이 작성하지 않습니다.　　(앞쪽)

접수번호				접수일자			처리기간		4일 (농업경영계획서를 작성하지 않는 경우에는 2일)

농 지 취득자 (신청인)	①성 명 (명 칭)	정 0 0			②주민등록번호 (법인등록번호)			⑤취득자의 구분			

	③주 소							농업인	신규 영농	주말· 체험영농	법인 등
	④전화번호									○	

취 득 농지의 표 시	⑥소 재 지				⑦지번	⑧지목	⑨면적(㎡)	⑩농지구분			
	시·군	구·읍· 면	리·동					농업진흥지역		진흥지역 밖	영농여건 불리농지
								진흥구역	보호구역		
	춘천시	남산면	강촌리		00-00	전	550			○	

⑪취득원인	지분 매매				
⑫취득목적	농업경영		주말·체험 영농	○	농지전용		시험·연구 ·실습지용

「농지법」 제8조제2항, 같은 법 시행령 제7조제1항 및 같은 법 시행규칙 제7조제1항제2호에 따라
위와 같이 농지취득자격증명의 발급을 신청합니다.

2019년 5월 1일

농지취득자(신청인)　　　　　　　　정 0 0 (서명 또는 인)

시장·구청장·읍장·면장 귀하

첨부서류	1. 별지 제2호서식의 농지취득인청서(법 제6조제2항제2호에 해당하는 경우만 해당합니다) 2. 별지 제4호서식의 농업경영계획서(농지를 농업경영 목적으로 취득하는 경우만 해당합니다) 3. 농지임대차계약서 또는 농지사용대차계약서(농업경영을 하지 않는 자가 취득하려는 농지의 면적이 영 제7조제2항제5호 각 목의 어느 하나에 해당하지 않는 경우만 해당합니다) 4. 농지전용허가(다른 법률에 따라 농지전용허가가 의제되는 인가 또는 승인 등을 포함합니다)를 받거나 농지전용신고를 한 사실을 입증하는 서류(농지를 전용목적으로 취득하는 경우에 해당합니다)	수수료 : 「농지법 시행 령」 제74조에 따름
담당공무원 확인 사항	법인 등기사항증명서(신청인이 법인인 경우만 해당합니다)	

210mm×297mm[백상지 80g/㎡]

■ 농지법 시행규칙 [별지 제4호서식] <개정 2012.7.18>

농업경영계획서

(앞쪽)

취득 대상 농지에 관한 사항	①소재지			②지번	③지목	④면적 (㎡)	⑤영농거리	⑥주재배 예정 작목 (축종명)	⑦영농착수시기
	시·군	구·읍·면	리·동						
	춘천시	남산면	강촌리	000-00	전	550	40km	유실수	4월
	계								

농업 경영 노동력의 확보 방안	⑧취득자 및 세대원의 농업경영능력					
	취득자와 관계	성별	연령	직업	영농경력(년)	향후 영농여부
	본인	남	00	회사원		○
	⑨취득농지의 농업경영에 필요한 노동력확보방안					
	자기노동력		일부고용		일부위탁	전부위탁(임대)
	○					

농업 기계·장비의 확보 방안	⑩농업기계·장비의 보유현황					
	기계·장비명	규격	보유현황	기계·장비명	규격	보유현황
	예초기		1			
	⑪농업기계장비의 보유 계획					
	기계·장비명	규격	보유계획	기계·장비명	규격	보유계획

⑫연고자에 관한 사항	연고자 성명		관계	

「농지법」 제8조제2항, 같은 법 시행령 제7조제1항 및 같은 법 시행규칙 제7조제1항제3호에 따라 위와 같이 본인이 취득하려는 농지에 대한 농업경영계획서를 작성·제출합니다.

2019년 5월 1일

제출인   정 0 0   (서명 또는 인)

210mm×297mm[백상지 80g/㎡]

(뒤 쪽)

⑬소유농지의 이용현황

소 재 지				지번	지목	면적(㎡)	주재배작목(축종명)	자 경 여 부
시 · 도	시 · 군	읍 · 면	리 · 동					
경기도	평택시	팽성읍	00리	000-0	답	222.66	벼	
강원도	춘천시	사북면	00리	000-0	전	3,252	배나무	

⑭임차(예정)농지현황

소 재 지				지번	지목	면적(㎡)	주재배(예정)작목(축종명)	임차(예정)여부
시 · 도	시 · 군	읍 · 면	리 · 동					

⑮특기사항

기재상 유의사항

⑤란은 거주지로부터 농지소재지까지 일상적인 통행에 이용하는 도로에 따라 측정한 거리를 씁니다.

⑥란은 그 농지에 주로 재배 · 식재하려는 작목을 씁니다.

⑦란은 취득농지의 실제 경작 예정시기를 씁니다.

⑧란은 같은 세대의 세대원 중 영농한 경력이 있는 세대원과 앞으로 영농하려는 세대원에 대하여 영농경력과 앞으로 영농 여부를 개인별로 씁니다.

⑨란은 취득하려는 농지의 농업경영에 필요한 노동력을 확보하는 방안을 다음 구분에 따라 해당되는 난에 표시합니다.

   가. 같은 세대의 세대원의 노동력만으로 영농하려는 경우에는 자기 노동력 란에 ○표

   나. 자기노동력만으로 부족하여 농작업의 일부를 고용인력에 의하려는 경우에는 일부고용란에 ○표

   다. 자기노동력만으로 부족하여 농작업의 일부를 남에게 위탁하려는 경우에는 일부 위탁 란에 위탁하려는 작업의 종류와 그 비율을 씁니다.

     [예 : 모내기(10%), 약제살포(20%) 등]

   라. 자기노동력에 의하지 아니하고 농작업의 전부를 남에게 맡기거나 임대하려는 경우에는 전부위탁·임대)란에 ○표

⑩란과 ⑪란은 농업경영에 필요한 농업기계와 장비의 보유현황과 앞으로의 보유계획을 씁니다.

⑫란은 취득농지의 소재지에 거주하고 있는 연고자의 성명 및 관계를 씁니다.

⑬란과 ⑭란은 현재 소유농지 또는 임차(예정)농지에서의 영농상황(계획)을 씁니다.

⑮란은 취득농지가 농지로의 복구가 필요한 경우 복구계획 등 특기사항을 씁니다.

210mm×297mm[백상지 80g/㎡]

한번은 낙찰받자마자 바로 농취증을 신청했는데 발급이 늦어진데다 시간이 안 맞아 7일 이후에 가져간 적이 있다. 경매계에서 오후 2시에 낙찰허가를 결정해야 하므로 늦어도 오전 중에 제출하라고 한다. 농취증 담당자가 휴가라 늦어져 농취증을 발급받지 못하면 보증금은 몰수되고 '매각불허가'된다. 하지만 농지법 제8조 제4항에는 '소유권이전등기신청일'까지 첨부하도록 되어 있다. 따라서 즉시 항고해 항고심 종결 전까지 농취증을 제출하면 미제출의 하자가 치유된다는 판례가 있다고 한다.

　춘천법원은 입찰에 앞서 농취증 관련 설명을 할 때 "걱정하지 말고 농취증이 반려되면 그 사유를 자세히 기입해달라고 해서 받아오라"고 한다. 보증금 반환이나 매각허가 여부는 법원에서 판단하겠다는 것이다. 특별한 문제가 없으면 낙찰허가를 해주겠다는 말처럼 들린다. 사실, 농지 위에 건물이 있어 반려되면 보증금을 몰수당한다. 하지만 판례를 보면 건물을 철거하고 싶어도 건물주가 아니면 철거할 수 없으니 소송을 하면 이긴다.

　판례가 나온 해당 내용의 진위를 확인하려고 법원 대국민서비스에 정보 공개 요청을 했다. 사건번호가 잘못된 것인지 아니면 기각된 것인지 "존재하지 않는 사건번호로 제공이 불가하다"는 답신을 받았다. 행정소송이라 엉뚱한 곳에 물었는지도 모른다. 어쨌든 인터넷 포털 사이트에서 "농취증 발급을 거부당한다면…" 등으로 검색하면 판례를 찾을 수 있다. 또한, "농취증 반려" 등으로 검색하면 다양한 사례가 나온다.

나의 경우는 문제없는 땅을 낙찰받아 농취증을 쉽게 발급받았다. 하지만 용도 변경된 농지를 낙찰받을 때는 원상복구조건으로 발급받거나 소송을 각오해야 한다. 민형사 소송을 20여 건 넘게 하다 보니 지금은 좀 나아졌지만, 처음에는 막막했다. 초보자들은 일단 문제없는 땅을 낙찰받기를 권한다. 농취증을 발급받을 때 가장 중요한 것은 내가 농사를 짓겠다는 마음가짐이다. 어차피 계획서라 미래에 어떻게 될지는 아무도 모른다. 또한, 농업경영계획서에 향후 영농 여부와 취득농지의 농업경영에 필요한 노동력 확보 방안은 자기 노동력(자경)에 ○ 표시해야 발급받을 수 있다. 적격 농민에게만 농지의 매입을 허용해 투기를 막기 위한 것이므로 위탁을 목적으로 매입할 수 없다.

농취증에 관한 사항을 검색하면 입찰 전에 미리 담당자에게 발급이 가능한지 확인해보라는 내용이 많았다. 하지만 미리 확인했어도 포장된 도로나 건물이 있다면 종국엔 불법전용 때문에 발급을 받지 못하는 경우도 있다. 따라서 농취증 발급은 100% 확신할 수 없다. 담당자가 어떤 사람이냐에 따라 천당과 지옥을 넘나들기도 한다. 원상복구계획서를 첨부하는 조건으로 허가를 내주는 경우도 있지만, 규정만 내세워 발급을 거절할 수도 있다. 반려 시에는 그 사유를 반드시 기재해달라고 하고 농지로서 문제가 없는 경우에는 법무사에게 위임하는 것도 좋다. 공무원들은 조금이라도 문제(민원)가 생길 것 같으면 발급을 안 해주기 때문에 부당하다고 생각될 때는 행정소송도 염두에 둬야 한다.

chapter 2
입찰과 명도

09. 입찰서류 작성하기

　　나에게 적합한 경매 물건을 찾았다면, 물건에 하자가 없는지 직접 확인하고 임대차관계까지 확실히 조사를 마쳐야 한다. 그 후 경매법정에 가서 치열한 경쟁을 통해 낙찰받아야 한다. 낙찰받으려고 무리하게 금액을 높이면 승자의 저주가 따른다. 반대로 낮은 금액을 쓰면 패찰하기 쉽고 단독 입찰일 경우에는 문제가 있는 물건인지 걱정이 앞선다.

　　나의 경우에는 근저당이 앞서는 물건인데도 금액이 높거나 조금이라도 의심이 가는 물건은 앤소니 선생님께 도움을 청했다. 여러 번 신세를 지고 나서 비슷한 물건은 더 이상 묻지 않았다. 몇 차례 낙찰을 받고부터는 인터넷 검색을 통해 혼자 공부하며 권리분석을 했다.

　　어느 정도 경험이 쌓이자 주변에서 권리분석을 부탁하는 경우가 있다. 근저당 뒤에 세입자가 전입하고 배당기일 안에 배당신청을 하는 경우가 대부분이라 권리분석 자체가 문제될 게 없다. 게다가 굿옥션의 예상배당표를 찾아보면 매수인의 인수금액을 알 수 있다. 그리고 소유권 이전비용과 국민주택채권 매입표도 볼 수 있다. 공인중개사도 이런 사이트를 이용하기 때문에 경매를 잘 몰라도 컨설팅이 가능한 것이다. 배당금은 나도 공부할 때만 배웠고 직접 계산해 본 적이 없다. 그만큼 내가 입찰한 물건들은 배당금이 중요한 부분을 차지하지 않았다.

사설경매 사이트에는 "사실과 다를 수 있으므로 참고용으로 사용하라"는 내용이 있다. 면책조건으로 제공하는 것이라 모든 사실관계는 본인이 직접 확인해야 한다. 굿옥션이나 지지옥션, 다른 사이트에서도 틀린 내용을 몇 번 봤는데 나중에 수정되기도 했다.

나의 경우, 권리분석보다 가장 힘든 것이 입찰가였다. 초기에는 "비싸게 낙찰받으면 의미가 없으니 일단 경험 삼아 한번 유찰된 물건 중 감정가의 85% 내외로 써 보라"고 했다. 서울과 경기도의 경우 대부분 1회 유찰 시 20%씩 저감되고 지방의 경우는 30%씩 저감된다. 저감율은 법원마다 차이가 있는데 의정부지원의 경우에는 2016년경 20%에서 30%로 바뀌었다.

아파트는 낙찰가가 급매물과 1,000만 원 정도밖에 차이가 안 나서 거의 패찰했다. 투자 목적이 아닌 실수요 목적인데도 불구하고 1등과 차이가 크게 났다. 한번 패찰하면 의욕을 잃어버리는지 다시 찾아오지 않았다. 그러다 보니 낙찰가를 물으면 "네가 지불할 수 있는 최고의 금액을 쓰라"고 한다. 아니면 집 근처 공인중개사 사무실에 자주 들려 급매물을 알아보라고 했다.

나는 직장을 다니며 돈을 더 벌려고 부업으로 경매를 시작했지만, 경만 형님은 하던 일을 접고 전업 투자자로 나섰다. 패찰하면 수익이 나오지 않아서 그런지 높게 낙찰받은 것 같다. 심지어 주변 시세보다 더 높게 받은 적도 있다고 한다.

한 번은 여주에 나온 연립과 아파트를 모조리 낙찰받자 나중엔 경쟁자들이 모두 신건에서 입찰하는 바람에 손을 털었다고 한다. 낙찰받은 물건은 수리해서 웃돈을 붙여 팔았다는데 그때처럼 똑같이 한다고 수익을 낸다는 보장은 없다. 그 당시의 상황이 지금과 많이 다를 수 있다.

싸게 받으려 하면 패찰하고, 비싸게 받으면 승자의 저주가 따른다. 승자의 저주란 '치열한 경쟁 끝에 얻은 것이 이득은 고사하고 손해 막급인 상황을 비유하는 말'이다. 냉철한 판단력으로 물건의 가치를 알아볼 수 있다면 싸게 입찰하는 것보다 낙찰을 받는 게 더 중요할 때가 있다. 그래서 고수는 아무나 되는 게 아니다. 내가 아직 고수가 못 된 이유 중 하나다.

경매법정의 개정시간은 지역마다 조금씩 다르다. 보통 10시부터 시작하는 경우가 많지만, 일부 수원 지방법원이나 의정부 지방법원처럼 10시 30분에 시작하는 경우도 종종 있다.

TIP

서울·경기 일반 경매법정 입찰시간 10:10 / 마감시간 11:10(저감률 20%)
의정부지방법원 본원 입찰시간 10:40 / 마감시간 11:50(저감률 30%)
수원지방법원 본원, 안산지원, 안양지원 10:40~11:40(저감률 20~30%)
※ 일반적으로 10:00~10:30 사이에 개정하고 입찰시간은 1시간이다.

응찰하려면 신분증, 도장, 보증금을 준비해야 하며 대리인이 입찰할 경우에는 추가로 위임장과 인감증명서, 인감도장(입찰서류를 미리 작성하면 없어도 되나 틀리면 정정할 때 사용)이 필요하다. 보증금은 최저입찰가의 10%이나 재경매의 경우에는 20~30%이니 꼭 확인해야 한다. 경매법정이 개정하면 10분 정도 경매 진행 과정과 취하나 연기된 물건 등을 고지한다. 처음에는 일찍 가서 설명을 들었지만, 점차 늦게 가서 입찰봉투를 제출하고 개찰 과정을 지켜봤다.

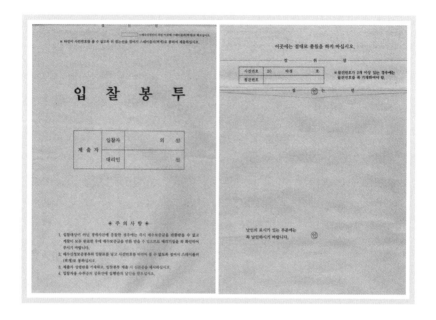

입찰서류는 경매법정에 가서 작성해도 되지만, 나의 경우는 미리 준비해간다. 처음 가는 법원이나 입찰봉투가 없을 때는 기일입찰표만 작성해간다. 입찰서류를 작성하는 방법은 아주 쉽다. 기일입찰표와 매수신청보증봉투(입찰 보증금봉투)를 작성해 입찰봉투에 넣으면 된다.

입찰봉투와 매수신청보증봉투 뒷면의 ⑩ 표시에 도장을 찍어야 하나 빼먹어도 별문제는 없다. 다만 주의할 것은 한 사건번호에 물건이 여러 개인 것은 반드시 물건번호를 기입해야 한다. 또한, 기일입찰표의 입찰가격은 정정이 안 된다. 금액이 틀릴 경우에는 새로 써야 하며 맨 밑의 보증금액 아래, 입찰자 옆의 ⑩ 표시에는 패찰 시 보증금을 돌려받을 때 도장을 찍어주면 된다. 하지만 도장을 미리

찍었다고 새로 작성할 필요는 없다. 낙찰되면 정정하고 그 옆에 날
인하라고 알려준다.

(앞면) 기 일 입 찰 표						
00 지방법원 집행관 귀하				입찰기일 : 2019년 0 월 00 일		
사 건 번 호		2019 타경 0000 호		물건 번호	※물건번호가 여러개 있는 경우에는 꼭기재	
입 찰 자	본인	성 명	정 0 0 ㉑		전화 번호	010- 0000 - 0000
		주민(사업자) 등록번호	000000-1000000	법인등록 번 호		
		주 소	주민등록증 주소와 일치해야 함			
	대리인	성 명	㉑		본인과의 관 계	
		주민등록 번 호			전화번호	-
		주 소				

입찰 가격	천억	백억	십억	억	천만	백만	십만	만	천	백	십	일	보증 금액	백억	십억	억	천만	백만	십만	만	천	백	십	일	
				1	2	3	4	5	0	0	0	0 원				1	2	3	4	5	0	0	0	0 원

보증의 제공방법	☑ 현금·자기앞수표 ☐ 보증서	보증을 반환 받았습니다.
		입찰자 정 재 용 ㉑

주의사항.
  1. 입찰표는 물건마다 별도의 용지를 사용하십시오. 다만, 일괄입찰 시에는 1매의 용
    지를 사용하십시오.
  2. 한 사건에서 입찰물건이 여러 개 있고 그 물건들이 개별적으로 입찰에 부쳐진 경
    우에는 사건번호외에 물건번호를 기재하십시오.
  3. 입찰자가 법인인 경우에는 본인의 성명란에 법인의 명칭과 대표자의 지위 및 성
    명을, 주민등록란에는 입찰자가 개인인 경우에는 주민등록번호를, 법인인 경우에
    는 사업자등록번호를 기재하고, 대표자의 자격을 증명하는 서면(법인의 등기부 등.
    초본)을 제출해야 합니다.
  4. 주소는 주민등록상의 주소를, 법인은 등기부상의 본점소재지를 기재하시고, 신분
    확인상 필요하오니 주민등록증을 꼭 지참하십시오.
  5. 입찰가격은 수정할 수 없으므로, 수정을 요하는 때에는 새 용지를 사용하십시오.
  6. 대리인이 입찰하는 때에는 입찰자 란에 본인과 대리인의 인적사항 및 본인과의
    관계 등을 모두 기재하는 외에 본인의 위임장(입찰표 뒷면을 사용)과 인감증명을
    제출하십시오.
  7. 위임장, 인감증명 및 자격증명서는 이 입찰에 첨부하십시오.
  8. 일단 제출된 입찰표는 취소, 변경이나 교환이 불가능합니다.
  9. 공동으로 입찰하는 경우에는 공동입찰신고서를 입찰표와 함께 제출하되, 입찰표의
    본인란에는 "별첨 공동입찰자목록 기재와 같음"이라고 기재한 다음, 입찰표와 공
    동입찰신고서 사이에는 공동입찰자 전원이 간인하십시오.

기일입찰표 뒷면에는 위임장이 인쇄된 경우가 많은데, 대리인이 입찰할 경우에만 기재한다. 대리입찰 시, 위임장과 위임인의 인감증명서도 함께 입찰봉투에 넣어야 한다. 여러 명이 공동 입찰할 때는 공동입찰 신고서와 공동입찰목록을 첨부하면 된다. 다만, 미성년자의 경우에는 부모가 대리 입찰할 수 있는데 이때는 '미성년자 입찰 참가동의서'와 '주민등록등본 또는 가족관계증명서'를 첨부해야 한다.

　의정부 지방법원에서 미성년 자녀 명의로 자동차를 낙찰받고도 미성년자 입찰참가동의서가 아닌 위임장을 제출해 무효 처리된 경우를 봤다. 지연을 목적으로 한 행위가 아니라면 참 난감한 일이다. 경매 법정에서 가장 많이 하는 실수는 기일 변경된 물건에 입찰하는 것이다. 이때는 투찰함을 개봉해 사건 순서대로 분류하고 변경된 사건의 입찰봉투는 돌려준다. 그다음에는 보증금이 부족하거나 20% 물건에 10%만 준비한 경우다. 가끔 마감 선언을 하고 나서 뛰어들어 오는 사람도 있다. 입찰 마감 직전이면 법대 앞에서 몇 분 정도 입찰표를 마무리할 시간을 준다. 하지만 '땅 땅 땅' 마감 선언을 하면 대통령이 부탁해도 안 된다.

　입찰 전날에는 경매계나 법원경매정보 사이트에서 취하나 변경이 있는지 미리 확인해야 한다. 입찰 당일 취하되는 경우도 있지만, 미리 확인해야 헛걸음을 줄일 수 있다. 또한, 입찰서류를 작성하기 전에 경매법정 뒤편 게시판에 붙은 고지사항을 확인해 취하나 변경 여부를 최종 확인한다. 물론, 경매법정 개정 시에도 취하나 변경된 물건을 알려준다.

　인터넷 포털 사이트의 블로그나 카페 그리고 지식in 등에서 입
찰하는 방법이나 준비물 등은 바로 검색이 가능하다. 또한, 위임장
이나 필요한 서류 등은 법원경매정보 사이트에 접속해 상단에 있는
'경매 지식/경매 서식'에서 다운받아 미리 작성해가면 편하다. 경매
물건에 관해 궁금한 점은 해당 경매계에 문의하고 입찰 진행에 관련
된 사항은 집행관실에 문의하면 된다.

10. 부동산소유권이전등기 촉탁신청

경매법정에서 물건을 낙찰받았다고 끝난 게 아니라 이제 첫걸음을 뗀 것이다. 매각허가가 나야 잔금을 납부하고 소유권이전등기를 할 수 있다. 경매는 잔금을 납부한 시점부터 취득한 것으로 보지만, 배당금을 받은 점유자를 내보내고 부동산을 인도받아야 모든 게 끝난다.

※ 민법 제187조에 따르면 상속, 공용징수, 판결, 경매 기타 법률의 규정에 의한 부동산에 관한 물권의 취득은 등기를 요하지 않는다. 그러나 등기를 하지 않으면 이를 처분하지 못한다. 부동산 취득세는 과세물건(토지, 건축물, 특수부대시설)을 취득한(잔금 납부일)날로부터 60일 이내(등기를 하는 경우에는 등기일까지) 산출된 세액을 납부해야 한다. 2011년 1월 이후는 구 취득세와 등록세가 통합 과세되어 함께 납부해야 소유권이전 촉탁을 할 수 있다. 기한 후에 신고 시에는 20%의 신고불성실 가산세(신고기한 경과 후 1개월 이내는 10%)와 1일 10,000분의 3 납부불성실 가산세가 추가된다.

이전 등기는 일반 매매 시, 잔금 납부 후 60일 이내에 신청해야 한다. 지연 시 과태료는 2개월 미만은 등록세액의 5%이고, 5개월 미만은 15%, 8개월 미만은 20%, 12개월 미만은 25%, 1년 이상은 30%이다. 하지만 낙찰 물건을 경매계에서 직권으로 등기해주는 부동산소유권이전촉탁은 신청의무가 없기 때문에 정해진 기한이 없어 과태료도 없다.

※ 등록세에 관해 궁금한 사항은 해당 시청이나 구청의 세무과에, 부동산소유권이전촉탁 관련해서는 해당 경매계에 문의하면 된다.

입찰에 참여한 모든 사람은 '매수신고인'이 된다. 그중에서 가장 높은 가격에 낙찰받은 사람이 '최고가매수신고인'이 되는 것이다. 낙찰은 받았지만, 아직 낙찰자가 된 것은 아니다. 법원에서는 이 물건을 매각할 것인지 7일간의 심사를 거쳐 매각허가를 내준다. 이때 비로소 매수인이 되어 입찰한 물건의 '이해당사자'가 된다. 만일, 법원 절차상 하자나 입찰할 자격이 없는 사람이라면 매각불허가를 결정한다.

매각허가나 불허가의 결정에 의해 손해가 날 경우, 이해관계인은 매각허가여부의 결정을 고지받은 날로부터 일주일 이내에 즉시 항고할 수 있다. 즉시항고 시 매각허가결정이 미뤄지기 때문에 대금납부기일이 지정되지 않는다. 일반적으로 불허가나 항고의 경우는 많지 않기 때문에 낙찰 후 최소 2주는 지나야 매각허가결정이 확정된다. 매각허가결정 후에는 1개월 이내에 잔금을 납부해야 한다. 따라서 낙찰받자마자 매각허가결정문을 못 받았다고 걱정할 필요는 없다.

※ 춘천 지방법원이나 대전지방법원의 경우, 잔금을 납부하고 영수증을 제출하면 매각대금 완납증명서를 교부해주었다. 하지만 의정부 지방법원의 경우에는 매각대금 완납증명원에 사건번호와 인적사항을 기록해 500원짜리 인지를 첨부해서 제출하면 확인 도장을 찍어준다.

잔금 납부 시 대출을 받게 되면 채권자인 은행에서 지정한 법무사에게 부동산소유권이전등기 촉탁을 위임한다. 이때는 법무사가 인도명령신청도 같이하라고 권한다. 하지만 대출을 받지 않을 때는 부동산소유권이전등기 촉탁과 함께 인도명령신청을 직접 해서 등기 비용을 줄일 수 있다. 필요한 서류는 부동산소유권이전등기 촉탁신청서에 나온 대로 준비하고, 부동산 목록부터 말소할 사항까지 순서대로 편철해서 제출하면 된다. 그동안 춘천법원에 등기촉탁을 하며 정리해놓은 것을 참고삼아 소개한다.

부동산소유권이전등기 촉탁신청서

사건번호 2019 타경 **** 부동산강제(임의)경매 --〉 경매 구분에 따라
채 권 자 : 경매신청자
채 무 자(소유자) : 홍길동　　★국민주택채권 번호 및 금액 기입
매 수 인 : 경락인

위 사건에 관해 매수인 정**는(은) 귀원으로부터 매각허가결정을 받고　2019년 5월　일 대금전액을 완납했으므로 별지목록기재 부동산에 대해　소유권이전 및 말소등기를 촉탁해 주시기 바랍니다.

첨 부 서 류

1. 부동산목록 : 4통 - 매각허가결정서류 뒷면 복사(인도명령신청시 1부 추가)
1. 부동산등기부등본 : 1통
1. 토지대장등본 : 1통 - 토지(임야)대지 등본교부(대지권등록부)
1. 건축물대장등본 : 1통 - 건물 있으면 건축물대장(전유부)
1. 주민등록등본 : 1통
1. 등록세 영수증(이전, 말소) - 취(등)록세, 정액등록세(말소 시 필요)
1. 대법원수입증지-이전 15,000원, 말소 1건당 3,000원(토지, 건물 각각임)
1. 말소할 사항(말소할 각 등기를 특정할 수 있도록 접수일자와 접수번호) 4부
  - 등기의 목적(말소할 등기) 4부 복사

2019 년 5 월　일
신청인(매수인) 정 * *(인)
연락처(☎) 010 - 6**** -****

춘천지방법원　　귀중

☞유의사항
1. 법인등기부등(초)본, 주민등록등(초)본, 토지대장 및 건물대장등본은 발행일로부터 3월 이내의 것이어야 함
2. 등록세 영수필확인서 및 통지서에 기재된 토지의 시가표준액 및 건물의 과세표준액이 각 500만 원 이상일 때에는 국민주택채권을 매입하고 그 주택채권발행번호를 기재해야 함
※ 부동산 등기부 - 등기소발급 / 토지, 건축물 대장 - 시·군청지적과 발급

부동산소유권이전등기 촉탁 순서 서류 준비 방법

1. 부동산 목록은 매각허가서류 뒷면에 나온 부동산 내역을 복사해 제출하면 된다(인도명령신청 시에는 1부 더 복사해둔다).

2. 부동산 등기부 등본은 등기소에서 발급한다(인터넷 발급 가능).

3. 토지대장 등본은 시, 군, 구청 지적과에서 발급한다(대지권 등록부 필요).

4. 건축물대장은 시, 군, 구청 지적과에서 발급한다(건물은 전유부 필요).

5. 주민등록 등본은 주민센터나 시, 군, 구청에서 발급한다(인터넷에서는 무료로 발급 가능) ※ 의정부 지방법원은 주민등록 초본을 더 요구한다.

6. 등록세 영수증(이전, 말소) 첨부
2011년 1월 이후는 구 취득세와 등록세가 통합 과세되었다. 따라서 등록세 영수증의 이전은 취득세 신고(취득가액은 낙찰가격을 기재) 후 납부 영수증이다. 등록세 영수증의 말소는 등록면허세이며 말소등기 시, 1건당 6,000원이나 교육세 20%가 추가되어 7,200원이다. 시·군·구청 세무과에 신고해 납부한다. 이때 매각대금 완납증명서가 필요하다.

7. 대법원 수입증지
대법원 수입증지는 자치단체 행정처리 수수료로 1건당 등기이전(15,000원) 및 말소(3,000원) 시에 납부하는 세금이다. 등기신청 수수료라고도 하며 지방세법에 의해 증액될 수 있다. 법원 내 은행(신한, 우체국)에 납부하면 된다.

8. 말소할 사항
등기사항전부증명서(구 등기부)의 [갑구]와 [을구]에 말소할 사항(강제경매개시결정, 가압류, 가처분, 근저당 등)을 기재한다. 의정부 지방법원의 경우 다음 페이지와 같은 서식을 만들어 배부하지만, 법원에 따라 정해준 서식이 없으면 알아보기 편하게 만들어도 된다. 예로 든 서식에는 여러 필지라 같이 기재했지만, 갑구와 을구를 하나씩 따로 기재해도 된다.

※ 등기원인의 취하·해제·매매 등은 말소할 수 없다. 건물과 토지가 분리된 경우에는 각각 말소 신청해야 한다. 주등기 외 부기등기는 제외(주등기 말소 시 자동 말소, 예 2-1, 2-2)한다. 등기말소 시에는 말소할 건수만큼 정액등록세를 필히 납부해야 한다. 잘못 기재하면 보정서(A4 용지에 내용을 기록해)를 제출해야 한다. 등기사항전부증명서를 발급받을 시, 페이지가 너무 많으면 말소사항포함으로 발급받지 말고 특정인 지분, 현재 유효사항만 발급받아 제출하면 된다.

순위	등 기 목 적	접수일자	접수번호	등기권리자
	연OO리 100-00			
23(갑구)	12번 배OO지분 임의경매개시결정	2014.12.12	29981	한OO
7(을구)	갑구12번 배OO지분전부근저당권설정	2013.5.30	12148	한OO
	연OO리 200-0			
16(갑구)	9번 배OO지분 임의경매개시결정	2014.12.12	29981	한OO
6(을구)	갑구9번 배OO지분전부근저당권설정	2013.5.30	12148	한OO

9. 국민주택채권
국민주택사업에 필요한 자금을 조달하기 위해 국민주택기금의 부담으로 발행하는 채권이다. 차후에 이자와 함께 돌려받는 돈이나 대부분 할인받아 매도한다. 매도 의사가 없을 경우, 신한은행에서 매입해 바로 신한증권으로 입고해두면 만기 시 원금과 이자를 돌려준다. 주택은 시가표준액 2,000만 원 이상 시 매입해야 하며 토지는 시가표준액 500만 원 이상 시 매입해야 한다. 주택과 토지 외의 부동산은 1,000만 원 이상 시에 매입한다.
시가표준액에 따라 국민주택채권 매입금액이 달라진다. 시가표준액을 모를 경우에는 취득세 신고 시 발급된 영수증의 과세표준액을 보면 된다(경락가액이 과세시가표준액보다 적을 때는 과세시가표준액을 과표로 적용한다).
주택채권 매입 시에는 1만 원 단위로 신고하는데 5 이상은 절상하고 5 미만은 절하한다. → 77,777,700원은 천 단위가 7이므로 절상해 77,780,000원으로 신고한다.

※ 수입인지는 국고 수입이 되는 조세로 기획재정부가 발행하고 있는 증지이다. 일반 매매를 할 때 1억 초과 시 필요하며 10억 이하인 경우 15만 원이다. 하지만 등기예규 1206조에 의해 부동산소유권이전등기 촉탁신청에는 해당되지 않는다. 또한, 증여와 상속 시에도 해당되지 않는다.

주택채권은 주택도시기금 홈페이지(http://nhuf.molit.go.kr/FP/FP07/FP0705/FP070504.jsp)에서 매입대상금액을 조회할 수 있다. 매입용도, 대상물건 지역, 건물분 시가표준액('시세표준액 알아보기'를 클릭해 확인할 수 있다.)을 입력하면 '매입가'가 나온다.

10. 등기취급 우표

소유권 이전 등기필증(등기필정보 및 등기 완료 통지서)을 우편으로 수령할 때 필요하다. 경매계에서 따로 알려주지 않으므로 부동산이전 등기촉탁을 할 때 미리 등기필증 우편송부 신청서를 작성해서 수신인 주소를 적은 서류봉투와 함께 우표를 제출한다. 우표 값은 등기취급 우편 또는 특급취급우편(속달)요금에 상응하는 금액이어야 한다(등기필정보의 작성 및 통지 등에 관한 업무처리지침). 한 번은 법원송달료를 기준으로 요구해서 4,500원짜리 우표를 첨부했다.

※ 춘천지방법원에서 등기촉탁을 할 때 정리한 것으로 법원마다 조금씩 다를 수 있다. 부동산 목록(매각허가결정서류 뒷면 4매 복사, 인도명령신청 시 1부 더 필요)은 미리 준비하거나 민원실에서 복사하면 된다. 등기촉탁에 필요한 비용은 잔금 납부 후 취득세와 등기비용 등인데 토지는 낙찰가의 5% 내외가 소요된다. 6억 원 이하 85㎡ 이하 주택인 경우에는 취득세에 농특세, 지방교육세가 포함되어 세율은 1.1%이나 주택 외(토지, 건물, 상가)는 4.6%이다. 2019년부터 신혼부부 생애최초 구입주택(3억·수도권 4억, 전용 면적 60㎡ 이하)은 50% 감면 혜택이 있다.

등기필증 우편송부 신청서

사건번호 : 2019   타경   ○○○○   부동산강제경매
부동산의 표시 : 강원도 춘천시 ○○○ ○○리 600(144㎡)

위 사건에 관해 매수인은 소유권이전등기촉탁으로 인한 등기필증을 다음과 같이
우편송부해줄 것을 신청합니다.

1. 수령받을 매수인 : 정○○
※ 매수인 또는 수인의 매수인 중 1인이어야 합니다.
※ 수인의 매수인 중 1인을 수령인으로 지정할 경우에는 인감이 날인된 위임장
을 함께 제출해야 합니다.

2. 송달장소 : 경기도 남양주시 ○○○   우) ○○○○
※첨부: 우표(4,500원)

2019. ○○. ○○.
신청인(매수인) : 정 ○ ○(인)

춘천지방법원 귀중

등기 촉탁 순서

1. 해당 경매계에서 대금지급기한 통지서를 제출 후 대금납부 영수증 수령 (법원보관금 영수필통지서)

2. 법원 내 은행(신한,우체국)에서 대금납부 및 수입증지(등기이전, 말소 건당) 구입(2013. 4. 1.~등기이전 15,000원, 말소 3,000원)

3. 해당 경매계에 대금납부 영수증(법원 제출용) 제출 후 매각허가결정서 수령(의정부 지방법원인 경우에는 매각대금 완납증명원에 수입인지를 첨부해 신청하면 매각허가결정서를 발급해준다)

4. 낙찰 물건지의 시청(구청) 세무과에 매각허가결정서를 소지하고 서류제출 후 납부 영수증 수령
1) 취득세 신고서 ※ 대금납부 영수증과 매각허가결정서류 준비
- 물건 목록, 집합건물이 아닌 건물과 토지는 개별 신고해야 국민주택 채권 매입에 문제가 없음

2) 등록면허세(정액) 신고서 → 말소등기 시 꼭 필요(2014. 1. 1. ~ 등록면허세 6,000 + 교육세 20% → 건당 7,200)

5. 시청(구청) 지적과에서 토지대장, 건축물대장 발급 및 민원실에서 주민등록 등본, 등기소에서 등기부등본 발급(무인발급기가 비치된 시청이나 등기소에서는 교차 발급받을 수 있다)

6. 시청(구청) 내 은행에서 국민주택채권 매입 신청 및 취득세, 정액등록세 납부

※ 국민주택채권은 개별 공시지가(취득세 시가표준액)로 매입하는데 만 원 단위로 기재(5 이상 절상, 5 미만 절하)한다. 국민주택채권 구입 후 등기촉탁 서류 우측 상단의 잘 보이는 곳에 채권번호 및 금액을 기입한다.
시가표준액(지방과세 표준)은 취득세 영수증이나 국토교통부 사이트(http://www.realtyprice.kr/notice/hpindividual/siteLink.htm)에서 확인할 수 있다.

7. 해당 경매계에 부동산 소유권이전등기 촉탁신청서 작성 및 제출

촉탁신청서를 제출해서 문제가 없을 경우에는 대략 일주일 정도면 등기권리증을 수령할 수 있다(등기소가 멀리 있는 법원의 경우에는 더 소요될 수 있다). 등기권리증을 우편으로 받으려면 등기필증 우편송부신청서를 작성해서 수령받을 주소를 적은 서류봉투와 함께 우표를 제출한다. 등기권리증의 무게를 정확히 알 수 없어서 그런지 우표 값을 더 요구하는 경우가 있으니 해당 경매계에 미리 확인하는 게 좋다.

부동산이전등기촉탁 순서를 다시 간략히 정리하면 다음과 같다.

① 해당 경매계에서 잔금이 기재된 대금납부 영수증을 수령한다.

② 은행에서 대금납부 및 수입증지(등기 이전과 말소 건당)를 구입한다.

– 수입증지는 총액으로 구입하면 된다(처음에는 우표만 한 증지를 건당으로 구입해 A4용지에 가득 붙인 적이 있었다. 지금은 등기신청수수료를 은행에 납부하는 방식으로 바뀌었다).

③ 해당 경매계에 대금납부 영수증을 제출하고 매각허가결정서를 수령한다(앞서 소개했듯 법원에 따라 수입인지가 필요할 수 있다).

④ 매각허가결정서를 지참해 낙찰 물건지의 시청(구청) 세무과에 취득세 및 등록면허세(정액)를 신고하고 납부서를 발급받는다.

⑤ 시청(구청) 지적과와 민원실에서 첨부에 필요한 서류를 발급받는다(등기부등본은 무인발급기나 등기소에서 발급받는다).

⑥ 시청(구청) 은행에서 국민주택채권을 매입하고 취득세 및 정액

등록세를 납부한다.

⑦ 촉탁 신청서 뒷면에 첨부서류(부동산등기부, 토지대장, 건축물대장, 주민등록 등본)를 순서대로 편철해 해당 경매계에 제출한다.

※ 잔금 납부와 함께 바로 촉탁할 때는 신분증, 도장, 잔금 및 촉탁 비용을 준비한다. 촉탁에 필요한 첨부서류(등기부등본, 토지대장, 건축물대장, 주민등록 등본 등)를 인터넷에서 미리 출력해가면 편하다. 법원에 따라 주민등록 초본 등 추가 서류를 요구하는 경우가 있다. 등기 촉탁 우편 수령 시에는 해당 경매계에 미리 질의해서 우표와 주소를 적은 봉투를 준비해간다.

11. 부동산 인도명령

낙찰자가 잔금을 납부하는 시점부터 소유권이전등기를 하지 않아도 소유권은 넘어온다(부동산소유권이전촉탁은 신청의무가 없기 때문에 일반 매매와 달리 정해진 기한이 없다. 그러나 취득세는 기한이 있다). 하지만 잔금을 납부했다고 해서 집주인이나 임차인이 바로 집을 비워주는 건 아니다. 대항력 있는 임차인은 낙찰자가 보증금을 인수해야 하므로 해결해줄 때까지 명도 받지 못한다. 앞서 소개한 임차인 분석외 대항력이 인정되는 사례는 다음과 같다.

1) 임차인이 가족과 살다가 본인만 일시적으로 다른 곳으로 옮긴 경우(가족만 전입한 경우도 해당)
2) 부모가 자신의 명의로 임차한 후 자녀가 점유한 경우
3) 다가구주택(단독주택)에 전입신고를 할 때 지번만 기재하고 호수를 기재하지 않은 경우

반대로 대항력이 없는 임차인은 낙찰자가 소유권을 행사할 수 있

도록 집을 넘겨받는 명도 과정이 필요하다. 점유자는 소유자나 임차인이 대부분이므로 상황에 따라 이사비를 주고 합의하기도 한다. 배당을 받는 임차인은 낙찰자가 날인한 건물명도확인서가 있어야 하므로 협상을 유리하게 끌고 가야 한다(현황조사보고서나 다른 자료에 의해 전세권자가 이미 이사를 갔다면 명도확인서는 불필요하다). 임차인의 경우 무조건 이사비를 요구는 경우가 많지만, 전액 배당을 받고 임대차기간이 끝난 경우라면 굳이 챙겨줄 필요는 없다.

대다수의 임차인들은 "배당을 받아야 다른 집을 계약할 수 있을 것 아니냐!"며 배당받을 때까지 기다려달라고 한다. 내 입장이 아닌 상대의 입장이지만, 딱히 틀린 말이 아니다. 다른 집을 구할 돈이 있으면 경매 기간 내내 골머리를 앓지 않고 진작 떠났을 것이다. 문제는 건물명도확인서를 작성해주고도 임차인이 건물을 인도해주지 않을 때는 명도소송을 해야 한다. 이미 건물을 명도 받았다고 확인해 준 것이기에 인도명령신청을 할 수가 없다. 따라서 건물명도확인서는 신중하게 작성해줘야 한다.

명도확인서를 써 주는 조건으로 언제 어떻게 이사를 갈 것인지 각서도 받아두고 이사가 늦어지면 배당금의 일부를 보관했다가 이사 갈 때 돌려주는 방법도 있다. 아니면 임차인이 배당을 받을 수 있도록 건물명도확인서를 작성해준 것이며 언제 이사를 가겠다는 임차인의 확인서 정도는 받아두어야 한다. 그래야 명도소송 시 입증하기가 수월해진다. 소송하게 되면 원고가 입증 책임을 져야 한다.

원만히 합의가 안 되면 부동산인도명령을 통해 법원의 강제집행

권원을 확보할 수 있다. 인도명령은 잔금을 납부하고 6개월 이내(잔
금 일을 포함해 6개월 안)에 신청할 수 있다.

부동산인도명령신청

사건번호
신청인(매수인) : ○시 ○구 ○동 ○번지
피신청인(임차인): ○시 ○구 ○동 ○번지

위 사건에 관해 매수인은　　.　.　　.　에 낙찰대금을 완납한 후 채무자(소유자, 부동산
점유자)에게 별지 매수부동산의 인도를 청구했으나 채무자가 불응하고 있으므로, 귀원 소속
집행관으로 해금 채무자의 위 부동산에 대한 점유를 풀고 이를 매수인에게 인도하도록 하는
명령을 발령해 주시기 바랍니다.

년　　　월　　　　일
매 수 인　　　(인)
연락처(☎)

지방법원　　　귀중

☞유의사항
1) 낙찰인은 대금 완납 후 6개월 내에 채무자, 소유자 또는 부동산 점유자에 대해 부동산을
매수인에게 인도할 것을 법원에 신청할 수 있습니다.
2) 신청서에는 1,000원의 인지를 붙이고 1통을 집행법원에 제출하며 인도명령정본 송달료
(2회분)를 납부하셔야 합니다.
※ 송달료는 꾸준히 인상되어 2017년 11월 1일부터 1회 4,500원으로 올랐다.

인도명령 결정은 신청 접수 후 일주일 이내에 내려지게 되고 법원은 인도명령 대상자에게 '인도명령결정문'을 송달하게 된다. 낙찰자는 이 인도명령결정문과 상대방에게 송달됐다는 '송달증명원'을 가지고 관할법원의 집행관 사무실에 가서 강제집행신청을 하면 된다. 상대방이 등기우편을 안 받으면 늦어질 수 있지만 빠르면 2~3달이면 끝난다. 점유자가 송달을 기피해 인도명령 결정문이 6개월 이후에 도달해도 역시 인도명령 대상이다. 간혹, 임차인이 다른 사람에게 점유권을 넘기는 것을 막기 위해 '점유이전금지가처분'도 신청할 필요가 있다. 명도할 대상이 바뀌면 그만큼 시간이 더 걸리기 때문이다.

잔금 납부 후 6개월이 넘으면 명도소송을 해야 한다. 명도소송은 대략 6개월 이상 소요되므로 인도명령보다 시간이나 비용 면에서 훨씬 많이 든다. 이런 법적인 조치를 취하는 이유는 건물 소유주라도 점유 중인 임차인의 집에 함부로 들어가면 주거침입죄가 성립하기 때문이다. 좀 다른 경우지만, 채권자가 잠금장치가 있는 공동 출입문을 지나 채무자의 집 앞에서 초인종을 누른 것도 주거침입죄로 인정했다. 따라서 온전한 소유권을 행사하기 위해서는 적법한 방법으로 점유자를 내보내야 한다.

"A씨(여·43)는 자신의 남편과 내연관계인지 확인하겠다며 소란을 부리고 열린 현관문 틈으로 한쪽 발을 밀어 넣었다가 주거침입 혐의로 재판에 넘겨졌다. 원심을 깨고 유죄를 인정, 벌금 30만 원에 선고유예 판결을 내렸다.

재판부는 당시 '공용으로 사용하는 계단과 복도는 주거로 사용하는 가정의 필수적인 부분인 만큼 평온을 보호할 필요성이 있다'고 밝혔다. 반면 밀린 우유 대금을 받기 위해 빌라에 들어가 고객의 집 현관문을 두드린 행위에 대해선 '주거침입죄가 아니다'라는 판결이 있다. 주거침입의 가장 큰 판단 기준은 사실상 주거의 평온을 해쳤는지 여부….″

– 아시아 투데이 "남의 집 현관문에 발 살짝 걸쳤는데… 어디까지 주거침입일까?″
2016. 3. 8. –

나의 경우는 공동출입문 앞에서 세대 호출을 할 때도 있지만 다른 사람을 따라 공동출입문을 지나 문 앞에서 초인종을 누른 적도 있다. 하지만 한 번도 주거침입죄로 고소당하지는 않았다. 상대방이 앙심을 품고 고소할까 봐 걱정되어 임장을 안 할 수는 없다. 게다가 지금까지 경매 물건을 보러 다니며 고소당했다는 얘기는 들어보지 못했다. 채무자나 임차인 모두 낙찰가가 높아야 더 이익이므로 고소할 이유가 없다. 게다가 경매당한 사람은 소송할 정신도 없을 것이다. 어쨌든 상대방의 감정이 상하지 않게 조심해야 한다.

한번은 강제집행 직전까지 갔다가 이사 갈 집을 구하고 있으니 말미를 달라고 해서 한 달 정도 기다려준 적이 있다. 그리고 명도 자체가 많지 않아 대부분 이사비를 주고 해결했다. 물론 전액 배당을 받는 임차인이 요구할 때는 정중히 거절했다. 보증금을 다 받아가는데 경매로 넘어갔다 해서 이사비를 남발할 이유는 없다. 이사비를 과도하게 요구하면 강제집행 비용과 비교해서 협상하면 된다. 명도비용은 아파트의 경우, 평당 7~10만 원 정도 들어간다고 한다. 하지만 임차인이 집에 없으면 열쇠수리공도 불러야 하고 짐을 밖으로 다 꺼내도 안 나타나면 상하차비와 보관비 등이 추가된다.

12. 집수리와 임대

경매로 부동산을 낙찰받으면 일반 매물보다 수리할 곳이 많다. 아파트와 달리 연립이나 주택의 경우에는 그 정도가 심하다. 대부분의 채무자들은 경매가 시작되면 자포자기해서 제대로 관리하지 않고 방치하는 것 같다. 아니면 채권문제로 골머리를 앓아 삶이 피폐해질 대로 피폐해져서 그런지 모른다. 어쨌든 정상적으로 집을 가꾸고 관리하지 않는 사람들이 많다.

한 번은 경매로 낙찰받은 후 집주인을 찾아가니 "집을 사고 나서 인생이 꼬였다. 하는 일마다 안 되고 몸도 안 좋아졌다"고 넋두리를 늘어놓았다. 그럼 반대로 집을 잘 사면, "하는 일마다 잘되고 몸도 좋아질까?" 그래서 풍수지리나 수맥을 말하는 사람들이 있다. 오래 전에 주택박람회에 갔더니 "좋은 기를 내 뿜는다"는 제품을 홍보했는데 "경매 물건은 안 좋은 기가 있다"고 주장한다.

"정말로 경매로 나온 집은 안 좋아서 경매를 당하는 것일까?" 진지하게 생각해볼 문제다. 정성껏 가꾸고 관리하던 집과 대충 쓰며 관리하지 않는 집은 분명 차이가 있다. 같은 중고차라도 관리를 잘

하며 타던 차와 마구 굴리던 차는 다를 것이다. 하지만 둘 다 수리를 싹 하고 광택을 내놓으면 구별할 수 있을까? 심지어 침수된 차량도 수리해서 닦아놓으면 속아서 사는 세상이다. 처음부터 나쁜 차와 좋은 차는 없다. 성능에 문제가 없다면 좋은 차와 나쁜 차를 따지기 쉽지 않다.

같은 단지에 있는 아파트도 들어가자마자 기분이 좋아지는 집이 있는가 하면 기분이 착 가라앉는 집도 있다. 수맥 때문일까? 아니면 햇볕이 안 들어서일까? 오래전, 수맥이 흐르면 몸에 안 좋다고 해서 수맥차단용 동판을 사서 방바닥에 깐 적이 있다. 하지만 효과가 있는지 느끼지 못했다. 햇볕이 따뜻하게 비추는 집과 어두운 집은 기분 자체가 다르다. 햇볕이 잘 드는 남향이 여름엔 시원하고 겨울엔 따뜻하기 때문에 경제적으로나 정신적으로 좋은 것은 맞다. 그래서 전망이 좋고 햇볕이 잘 드는 남향을 선호하는 것이다. 하지만 주택과 반대로 상가는 북향이 좋다. 햇볕이 잘 들어 상품이 변질될 우려가 적고 자연광보다는 조명기기를 활용해 진열된 상품이 잘 보이기 때문이다.

모든 집이 다 남향일 수 없듯이 지리적인 여건 외에는 얼마든지 바꿀 수 있다. 강가의 집들은 습기가 많지만, 전망이 좋으면 프리미엄이 많이 붙는다. 여름엔 에어컨으로, 겨울엔 난방으로 약점을 커버할 수 있기 때문이다. 그래서 한강이 보이는 전망 좋은 아파트는 관리비가 많이 들지만, 부자들이 선호한다. 따라서 '집 안을 얼마나 잘 가꾸냐'에 따라 기분이 달라지는 요인이 더 크다. 그래서 요즘은 어설프게 손 볼 집보다는 아예 부수고 새로 지을 수 있는 집을 찾고 있다.

연립을 낙찰받아 명도했을 때는 베란다에 물이 잔뜩 고여 있었다. 꼭대기 층이라 천장에서 비가 들이친 것 같은데 근래에 비가 온 적이 없었다. 청소하고 물기를 싹 제거하니 더 이상 고이지 않았다. 아예 관리를 안 하고 산 것이다. 부인은 못 보고 고등학생 딸만 봤는데 너무나 지저분하게 살았다. 짜장면을 주문했더니 외상이 많이 밀렸다며 배달을 안 해주려 했다. 그래서 전 주인이 이사 갔다고 하자 외상값 떼어먹고 갔다고 화낸다. 비록 많은 물건을 낙찰받지 못했지만, 망한 사람들을 계속 만나다 보니 몇 가지 공통점이 있다.

첫째, 항상 남의 탓을 한다.

홍천의 임야를 보러 갔다가 근처의 인가에 들려 경매 물건에 대해 물어본 적이 있다. 얘기를 다 듣고 집주인을 찾아온 손님을 전철역까지 태워준 적이 있다. 버스가 자주 없다고 해서 집에 오는 길에 태워드렸는데 갑자기 넋두리를 한다. "부모가 자금을 안 대줘서 사업이 실패했다"는 것이다. 예순이 넘은 아저씨가 시골의 노부모를 원망하는 모습을 보고 망한 이유를 쉽게 짐작할 수 있었다. 젊은 시절, 사업에 실패할 수 있다. 하지만 예순 살이 넘어서도 부모를 원망하는 모습에 인생을 낭비하고 있다는 생각뿐이었다. 자신의 인생을 부모가 대신 살 수는 없다. 성인이라면 자신의 인생은 자신이 책임져야 하는데 부모 탓을 하니, 나이가 많다고 다 어른이 아니다.

둘째, 약속을 안 지킨다.

명도할 때 밀린 수도세나 전기세 등을 정산하며 현금이 없다고 나중에 주겠다는 약속을 하는 경우가 있다. 이사비 등에서 제외시킬 수도 있지만, 당장 이사비조차 부족하다 하니 빼기도 좀 그렇다. 그런데 이런 약속들은 결국 지켜지지 않았다. 돈이 없어 그럴 수도 있지만, 의지의 문제인 것이다. 심지어 현관 열쇠를 다 가져간 세입자도 있었다. 이삿짐에 넣었다며 나중에 보내주겠다고 했지만, 전화를 안 받아 포기했다. 이렇듯 자신이 한 약속조차 손쉽게 뒤집으니 신용이 쌓일 틈이 없다. 그러니 어려울 때 주변에서 도와주질 않는다. '내가 준 만큼 받고, 받은 만큼 준다'는 기브 앤 테이크를 잘해야 거래든 사랑이든 깨지지 않는다고 한다.

> "기브 앤 테이크(give and take)는 준 만큼 받고, 받은 만큼 준다는 의미다. 미국 시카고대학 심리학과 보아즈 케이사르 박사 팀은 실험을 통해 '누가 먼저 주고 누가 먼저 받느냐에 따라 결과는 엄청나게 달라진다'는 사실을 증명했다.
>
> 그는 이번 실험 결과를 두 문장으로 정리했다. 내가 먼저 결정권을 가질 때의 거래 공식은 '내 등을 긁어주라. 그러면 나도 당신 등을 긁어줄게'다. 그러나 상대방이 먼저 결정권을 가질 때, 특히 상대방이 야박하게 자기 이득만을 챙길 때의 대응 공식은 '내 한눈을 뽑아라. 그러면 나는 네 두 눈을 다 뽑겠다'로 바뀐다는 설명이었다."
>
> − 코메디닷컴 "퍼줘야 남는 '기브 앤 테이크'의 진실" 2008. 12. 19. −

이런 사람들을 겪고 나서 내가 한 약속은 아무리 사소해도 지키려 했다. 내가 손해를 보더라도 한번 내뱉은 말은 지켜야 섣부른 약속을 하지 않는다. 그리 노력했는데 한 번은 원칙을 지키지 않아 골 머리를 앓은 적이 있다. 창고를 구두 계약했다가 수리 중에 다른 사 람이 계약하겠다고 해서 발단이 되었다. 일이 잘못돼도 원칙을 지키 고 골머리를 앓는 게 더 낫다는 걸 깨달았다.

셋째. 대체로 게으르다.

부지런하면 뭘 해도 먹고산다. 하지만 부지런한 습관이 몸에 배 기는 쉽지 않다. 나도 회사에 다니며 경매 투자에, 글도 쓰고 있지만 귀차니즘이 가끔 발동해 아무것도 안 하고 빈둥댈 때가 있다. '인생 별거 없다, 아등바등 살지 말자'는 생각에 대충 살고 싶다. 하지만 항상 귀차니즘으로 가득한 사람들이 의외로 많다. 집이 경매로 넘어 가서 관리를 안 한 것이 아니라 관리를 안 해서 집이 경매로 넘어간 것일 수도 있다. 망한 사람들은 대체로 게으른 사람들이 많았다. 부 지런한 사람들은 보증을 섰다 집이 넘어가는 경우가 대부분이다. 그 러니 보증을 설 때는 집도 사람도 다 잃을 작정으로 해주면 된다.

정약용의 제자로 들어간 황상이 공부를 열심히 하라는 말에 "선 생님, 저처럼 아둔하고 꽉 막히고, 융통성 없는 사람도 정말 공부할 수 있을까요?" 하고 물었다고 한다. 그러자 정약용은 "공부는 너 같 은 사람이 해야 한다. 빨리 잘 외우는 아이는 제 머리를 믿고 대충하 고, 이해가 빠른 아이는 끝까지 파고들지 않고 넘겨짚는 버릇이 있 다. 이렇게 되면 큰 공부는 못 하고 만다. 너는 둔하다고 했지만, 너 같은 아이가 성심으로 들이파면 큰 구멍이 어느 순간 뻥 뚫리게 된다. 앞뒤가 막혔다고 했지만, 막혔다가 툭 터지면 봇물이 터진 것처럼 거침없게 되겠지. 융통성이 없으면 연마하면 된다. 처음엔 울퉁불퉁해도 부지런히 연마하면 반짝반짝 빛나게 된다. 그렇게 되려면 어찌해야 할까? 부지런하고 부지런하고, 부지런하면 된다. 어떻게 부지런히 하느냐고 묻는 게냐? 마음을 확고히 다잡으면 된다."

망한 사람들은 이처럼 세 가지 공통점이 있는데 한 가지 더 추가하자면 '보는 눈이 좁다'는 것이다. 멀리 보지 못하니 눈앞의 작은 이익만 좇는다. 그래서 눈에 보이는 뻔한 거짓말도 잘한다. 마치, 아이가 자신의 눈을 가리고 꼭꼭 숨었다고 믿는 것처럼 말이다. 하지만 대체로 그렇다는 것이지, 전부 거짓말을 한다는 말은 아니다. 어쨌든 자신이 볼 수 있는 수준이 딱 거기까지다. 고수일수록 그만큼 많이 본다. 나도 내 수준이 여기까지라 아직 고수가 못 되었다. 보는 눈을 키우는 방법은 꾸준히 공부하는 수밖에 없다. 그래야 실패해도 만회할 능력이 생기고 남들이 못 보는 것을 볼 수가 있다. 말이 옆으로 샜지만 '생각의 폭을 넓히고 그것을 담을 수 있는 그릇을 키우는 것'이 가장 중요한 것 같다.

낙찰받은 건물을 수리할 때 돈을 아끼려고 많이 노력했다. 그러다 보니 철물점에서 부품을 구입해 직접 수리하는 경우가 많았다. 자잘하게 공사하다 보면 공사 기간이 길어지고 모양도 안 난다. 심지어 10%의 부가가치세를 아끼려고 세금계산서를 발급받지 않은 적도 있다. 세금 몇 푼 아끼려다 양도 시 더 많은 세금을 낼 수 있으니 미리 따져봐야 한다.

개인 사업자의 경우, 종합소득세 측면에서 부가가치세를 부담하고 세금계산서를 받는 것이 장기적으로 유리하다는 전문가 칼럼도 있다. 일반인도 2018년 4월 1일부터 조정 지역 내 2주택자와 3주택 이상일 경우 각각 10%와 20%의 양도소득세율이 가산된다. 따라서 1,200만 원 이하의 기본세율에도 가산세가 붙으면 16%이므로 부가가치세 10%가 더 저렴하다. 양도세는 수시로 바뀌기 때문에 팔기 전에 절세 방법을 찾아야 한다. 안 그러면 나처럼 배보다 배꼽이 더 커질 수 있다(앞에서 이미 말했듯이, 수익보다 세금을 더 많이 낼 수 있다).

샷시 공사와 싱크대 공사, 화장실 공사 등 개별공사를 직접 발주하면 공사비를 아끼는 대신 그만큼 신경 써야 한다. 그래서 종합 인테리어 업체에 맡기는 경우가 많다. 공사 업체를 선정할 때는 사장이 직접 공사를 하는 업체를 찾아야 비용을 아낄 수 있다. 인테리어 사무실만 차려놓고 중개만 하는 곳은 수수료만 챙기기 때문에 공사비가 올라가고 하자보수도 잘 안 된다. 따라서 세 곳 이상 공사 견적서를 받되, 어떤 자재를 쓰는지 정확히 알려달라고 해야 한다. 그래서 비교해보고 믿을 만한 곳으로 선택한다.

인테리어 공사가 끝나면 임대나 매매를 할 것이다. 단기 투자인지 장기 투자인지 잘 결정해야 한다. 나의 경우에는 투자 계획을 정하지 않아 별 이익을 못 봤다. 2010년 7월에 낙찰받은 호평동 중흥 아파트의 경우, 감정가의 80%에 낙찰받아 바로 매도하려 했지만, 양도세를 내고 나면 1,000만 원밖에 손에 쥘 수 없었다. 그래서 경춘선 급행전철인 itx 청춘이 개통되는 2011년 말까지 기다렸다. 몇 개월 연장 끝에 2012년 2월에 개통되었지만, 호재는 이미 반영이 되었는지 더 이상 오르지 않았다.

　매매 시, 2년 미만 수익과 2년 이후 수익을 계산해보니 내 손에 쥐는 돈은 비슷했다. 2년 미만은 양도세가, 2년 이상은 은행이자가 많이 나왔다. 경기 남부 지역이 계속 오르고 있었기에 좀 더 지켜보기로 했다. 재계약하고 나서 용인 등이 주춤하자 남양주 호평동은 오르기도 전에 보합세를 보이다 하락했다. 결국 손해를 보게 되었는데, 임대차 계약 만료 전인 2015년도에 조금 회복되어 양도세를 내고 300만 원 정도 손에 쥐었다. 사실, 은행 대출이 많아 이자 때문에 별 재미를 못 봤다. 내 자본으로 투자했다면 좀 나았을 것이다.

　임대 놓을 때도 내 물건만 생각하지 말고 주변 상황을 잘 살펴야 한다. 2009년, 구미에 있는 물건을 임장 갔을 때 '원룸, 투룸, 미투룸'이라는 전단지를 봤다. 나중에 알고 보니 미투룸은 미니 투룸을 말하는 거였다. 그 당시 구미는 경기가 안 좋아 근린주택이 무더기로 쏟아졌다. 그중에서 날림으로 지은 건물은 몇 차례 떨어졌지만 괜찮은 건물은 두 번 유찰되면 그 이전 가격으로 낙찰되었다. 주변 공인중개사 사무실을 돌아다니니 "공실이 많아 임대가 쉽지 않다"고 한다. 게다가 오래된 건물일수록 더 힘들었다. 그래서 집주인들이 웃돈을 붙여가며 임차인을 찾아달라고 하는 일이 다반사였다. 문제는 공인중개사들이 장난을 칠 수 있다는 것이다. 자신이 소개해준 임차인의 계약 기간이 끝나면 더 싼 곳이 있다며 빼내어 웃돈을 받고 다른 곳에 중개해준다는 것이다. 물론, 임차인도 이사비와 월세를 한두 달 감면받는 조건이라 손해 볼 게 없다.

앞서 '02. 대출을 활용하라!'에 소개한 "동탄 아파트 48채 경매로 나왔다"는 동영상을 봐도 알 수 있다. "2014년과 2015년도에 동탄1신도시의 아파트는 전세금 포함해 1,000만 원이면 집을 매입할 수 있었다"고 한다. 그래서 갭 투자가 극성이었는데 만기가 되는 시점에 동탄2신도시와 그 주변에 대규모 입주 물량이 쏟아졌다. 결국, 새 아파트로 옮기는 사람들이 많아져 전세가격이 폭락한다는 내용이다. 여유 자본이 있는 사람은 다시 오를 때까지 버틸 수 있지만, 그렇지 않으면 쫄딱 망하기 좋다. 따라서 내 물건만 생각하지 말고 주변 상황도 미리 살펴야 한다.

나도 금액은 적지만, 2014년부터 2015년까지 10건 정도 낙찰받았다. 그 이후 토지사용료나 분할소송 등으로 지루한 송사를 이어가고 있다. 돌이켜보면 작은 이익에 바로 파는 것보다는 장기 투자가 더 맞는 것 같다. 내가 팔았던 물건들을 다시 사려면 그 가격에 절대 못 산다. 잘 팔아먹은 물건들은 역설적으로 계속 갖고 갔어야 할 물건들이었다. 가격이 오르면 대출을 더 받아서 또 다른 투자를 했어야 했다. 하지만 자본이 없는 상황에서 무조건 가져갈 수는 없었다. 돈이 생기는 대로 자잘한 물건들을 낙찰받다 보니 목돈을 만지지 못했다. 그래서 다 정리하고 이제는 양도소득세도 직접 신고하지 않고 세무사에게 맡길 만한 수익 높은 물건을 낙찰받으려 한다.

양도소득세는 부동산에 관한 권리를 양도함으로 인해 발생하는 소득을 과세대상으로 부과하는 세금이다. 따라서 양도 당시의 실지 거래가액에 취득가액과 필요경비를 제한 양도차익에 대한 세금을 납부한다. 추가로 250만 원의 양도소득기본공제와 장기보유에 따른 세금 감면 혜택이 있다.

양도소득세 신고서류는 양도자의 주소지를 관할하는 세무서에 직접 또는 우편으로 제출한다. 요즘은 국세청 홈택스에서 전자신고를 많이 한다. 신고기한은 대금을 청산한 날(매매 완료일)이 속하는 달의 말일부터 2개월 이내에 해야 한다. 이 기간까지 신고하지 않으면 무신고가산세 20%가 부과되며, 적게 신고할 경우 10%의 과소신고 가산세가 부과된다. 또한, 부정한 방법으로 양도세 과세표준을 신고하지 않을 경우 40%의 가산세 폭탄을 맞게 된다. 단, 양도소득세도 소득세라 확정신고기한은 다음연도 5월 31일까지다. 확정신고는 1월 1일부터 12월 31일까지 과세대상 자산을 2회 이상 양도하고 소득금액을 합산해 신고하지 않은 경우에 해당된다.

필요경비 인정 항목은 등기촉탁과 관련된 비용(법무사 수수료 포함), 취등록세와 부동산 중개수수료(매매 시 중개수수료만 인정) 인테리어 비용(재산 가치를 현저히 증가시킨 공사비 영수증으로 베란다 확장, 샷시 설치, 보일러 교체 등 포함), 취득 시 소유권 확보를 위한 소송비용, 추가부담 계약서(경락대금에 불포함된 대항력 있는 전세보증금), 세무사 수수료(양도소득세 신고 대행 시) 등이 있다.

사업자의 경우에는 은행이자도 사업소득에 대한 경비로 인정되어 감면 혜택을 받지만, 일반인에게는 해당 사항이 없다. 인터넷 검색을 하다 보면 필요경비 인정 항목이 나오지만, 혜택을 못 받는 경우도 있으니 세무서에 미리 알아봐야 한다. 소득세법 제97조(양도소득의 필요경비 계산)를 참조하고 양도소득세나 절세에 관해서는 따로 공부할 필요가 있다.

만일, 양도세를 더 내거나 잘못 낸 경우에는 국세청이나 지방자치단체에 고쳐달라고 요청하는 것을 경정청구라 한다. 경정청구 기간은 5년이며 경정청구를 한 날부터 2개월 이내에 세액을 환급받을 수 있다. 취득세의 경우도 경정청구 기한이 5년이다. 2009년 춘천 소재의 창고를 감정가의 50%와 35%에 각각 낙찰받아 취득한 적이 있다. 그런데 보유세가 일반 상가와 차이가 없었다. 몇 년간 납부하다 경정청구를 해서 차액을 돌려받았다. 화천 소재의 연하리 물건은 담당자가 취·등록세를 잘못 계산했다며 환급해준 적도 있다.

A법인은 2014년 9월, 대지 면적 8433㎡ 연면적 4319㎡ 건물을 경매로 낙찰받아 취득세를 신고 납부했다. 하지만 3년이 지나 "경매로 낙찰받은 부동산은 원시취득에 해당한다"며 경정청구를 요구했다. 과세당국은 받아들이지 않았으나 불복한 A법인은 조세심판청구를 제기해 승소했다. 결국, A법인은 원시취득세와 1.44%의 차액만큼 세금을 환급받았다(일반취득은 4.6%이지만 원시취득은 3.16%의 취득세를 낸다). 이 소문에 경정청구를 하는 사람들이 늘자, 행정안전부는 원시취득이 아닌 승계취득으로 보아 해당세율을 적용해야 한다는 유권해석을 내놓았다. 경정청구를 배제시켜 환급받고 싶으면 소송하라는 뜻이다. 또한, 2016년 12월 지방세법을 개정해 2017년부터 경

락 부동산은 취득세 환급 대상에 포함되지 않는다.

　※ 원시취득: 어떤 권리를 기존 권리와 관계없이 새로이 취득하는 것으로, 타인의 권리에 근거하지 않고 독립해 취득하는 것이다.

　경만 형님도 본인의 블로그에 올린 동영상에 지방세 환급용역 계약서를 작성해 세무법인에 맡겼다고 한다. 나도 돌려받고 싶은데 소액이라 소송해도 실익이 없다. 하지만 경만 형님은 승소하면 2,500만 원을 돌려받을 수 있다. 행정안전부가 조세심판결정과 배치되는 예규를 만들어 소액 납세자를 차별하는 것은 잘못된 정책 같다. 한참 뒤에야 조세심판원이 반년 만에 번복했다는 기사를 접했다. 한국경제 "[집코노미] 취득세 3000만 원 돌려준다더니… 황당한 경매 투자자들" 2018. 11. 23.

부동산경매비법(12) 취득세경정청구와 행정소송
https://www.youtube.com/watch?v=f0OtBNrr-9A&feature=youtu.be

13. 경매와 공매

경매 물건을 낙찰받다 보면 공매 물건도 궁금해진다. 그래서 공매도 기웃거렸고 여러 번 낙찰받았다. 경매는 근저당 같은 은행채권에 의한 임의경매와 압류 등 소송에 의한 강제경매로, 그 목적물을 현금화하는 것이다. 공매는 국세나 지방세 체납에 의한 압류재산, 국유재산, 수탁자산, 유입자산 등을 한국자산관리공사로 하여금 온비드 사이트를 통해 처분한다.

경매는 지정된 기일에 경매법정에 가서 입찰하고 공매는 인터넷으로 입찰에 참여한다. 경매는 유찰 시, 한 달 뒤에 기일이 다시 잡히지만, 공매는 유찰 시, 매주 기일이 잡힌다. 경매는 감정가의 20~30%씩 차감되지만, 공매는 10%씩 차감된다. 또한, 감정가 대비 50% 이하로 떨어지면 국세징수법 제74조에 의거 새로운 공매예정가격을 위임관서와 협의해 차기 입찰 공고일이 지정된다.

입찰 보증금의 경우, 경매는 최저매각금액의 10%이고 잔금미납 등을 이유로 재경매될 때는 보증금이 20%로 변경된다. 공매는 입찰가격의 10% 이상이었으나 2016년부터 매각예정가격의 10% 이상으로 바뀌었다.

경매는 낙찰 후 2주 후에 낙찰허가가 결정되고 30~40일 이내에 잔금을 납부해야 한다. 공매는 개찰 일로부터 3일 이내에 매각 결정이 되고 2013년 1월 1일 이후 3,000만 원 미만은 7일 이내, 3,000만 원 이상은 30일 이내에 납부해야 한다(이전에는 1,000만 원을 기준으로 했다).

두 명 이상 동일가격 입찰인 경우, 경매는 즉석에서 재입찰해 최고가격 입찰자를 최고가매수신고인이라 해서 낙찰자의 지위를 부여한다. 또다시 두 사람 이상이 최고가격으로 입찰했을 때는 추첨으로 낙찰자를 결정한다. 공매는 온비드에 설치된 난수 발생기에 의한 무작위 추첨으로 낙찰자를 결정한다.

경매는 집행관의 현장조사를 통해 현황 조사 내역을 알려주고 인도명령신청도 가능하지만, 공매는 오로지 입찰자가 현황을 알아보고 명도소송을 통해서 명도받아야 한다. 농지취득자격증명서의 경우, 경매는 매각결정기일까지 제출해야 하지만, 공매는 소유권 이전 등기신청 시까지 제출하면 된다.

TIP

50% 이하로 떨어진 공매 물건은 입찰기일을 다시 지정하기 때문에 바로 나오지 않는다. 또한 유찰시 재공매 가격의 10%씩 차감(감정가의 5%)되므로 크게 떨어지지도 않는다. 재공매라는 것을 몰랐을 때는 목 빠지게 기다리다 담당자에게 언제 나오는지 물어본 적도 있다. 그래서 기다리기 싫을 때는 50%선에서 낙찰 받았다.

구분	경매	공매	비고(공매)
압찰 장소	관할법원 경매법정	온비드 인터넷입찰	수요일이 공휴일인 경우 화요일 17:00까지
입찰 시간	기일입찰 10:00~11:10 (10:30~11:40)	매주 월요일~수요일 10:00~ 17:00	
입찰 보증금	최저매각가격의 10%	매각예정가격의 10%	50% 이하 유찰 시 재공고
저감율	유찰 시 20~30%	유찰 시 10%	
낙찰 결과	당일 개찰해 결정	목요일 11:00 개찰	
낙찰 허가	2주 후	금요일 14:00 결정	
잔금 납부	낙찰허가 후 30일 이내	3,000만 원 미만 시 7일 이내	3,000만 원 이상 시 30일 이내
동일 가격	즉석에서 재입찰	무작위 추첨	
명도	인도명령신청	명도소송	
농취증	매각경정기일 전까지	이전등기신청 전까지	

*경매는 법원에 따라 입찰시간이 공매는 입찰조건에 따라 조건이 바뀔수 있으므로 공고문을 확인해야 한다.

경매와 공매로 낙찰받으며 가장 큰 차이점을 표로 정리했는데, 온비드 홈페이지에서 검색하면 더 많은 차이점을 알 수 있다. 경매는 관할법원에 따라 입찰 시간이 조금씩 다르고 오후에 입찰하는 경우도 있다. 공매의 국유재산이나 수탁자산은 입찰시간과 개찰(낙찰) 시간을 따로 공지하기도 한다.

공매 사이트인 온비드에서는 이용자의 이용 편의를 돕기 위해 온비드 소개 및 사용방법을 동영상으로 안내하고 있다(http//www.onbid.co.kr/movie/).

2016년 8월경, 핸드폰으로 공매 물건을 찾아보다 집 근처에 나온 임야를 발견했다. 관심을 가지고 자세히 들여다보려는 찰나 입찰

정보가 사라졌다. 입찰 마감 시간이 지나 그런가 보다 싶어 다음 주에 다시 나올 줄 알고 임장을 다녀왔다. 가격 대비 나름 괜찮아 얼마를 더 써야 할지 고민했다. 하지만 나중에 확인하니 그날 1회 유찰된 상태에서 낙찰되었다. 유찰이 아닌 낙찰허가결정을 확인한 순간, 너무 늦게 본 게 억울했다. 그 뒤, 집 근처 임야를 검색하다 비슷한 평수의 경매 물건을 찾았다. 이미 낙찰된 물건이지만, 둘을 비교해 보았다.

공매 2009-011391-688(호평동 595-3)

경매 2014타경34761(호평동 산63)

월급쟁이, **부동산 경매**로 **벤츠** 타다

454평, 10,576,000원 VS 480평, 576,081,000원

　왼쪽에 직접 그린 그림이 454평, 감정가 10,576,000원짜리 공매 물건이고 오른쪽 그림이 480평, 감정가 576,081,000원짜리 경매 물건이다. 왼쪽 그림이 좀 더 크게 보이지만, 실제로는 조금 작다. 그림 실력이 떨어져서 그런 것이니 카카오맵으로 확인하면 정확하게 알 수 있다. 단, 공매물건은 맹지인 국유재산을 처분한 것이고 경매 물건은 인근까지 차량접근이 가능한 맹지로 채권자인 농협에서 처분했다.

　공매 물건은 2016년 8월, 120%인 12,780,000원에 낙찰되었고 경매 물건은 2015년 4월, 71.85%인 413,890,000원에 낙찰되었다. 그러니 '땅은 정해진 가격이 없다'고 하는 모양이다. 공매 물건은 경매 물건보다 물량이 적지만, 경매 물건보다 더 좋은 물건이 가끔 나온다. 그래서 잊고 지내다 좋은 물건을 놓치는 경우가 있다.

좋은 물건은 채권자인 은행에서 우량고객에게 중개하거나 입찰 전에 일반 매매로 정리하기도 한다. 반대로 나쁜 물건이나 권리관계가 복잡한 물건은 정리하지 못해 끝내 경매로 나온다. 따라서 맹지라면 도로를, 낡은 건물이라면 화려하게 탈바꿈할 수 있는 물건을 찾아야 한다. 그렇지 않으며 낙찰받아도 팔리지 않아 애물단지로 전락한다. 경매 낙찰된 물건들이 팔리지 않아 몇 년 뒤에 다시 경매로 나오는 경우가 많다.

※ 나중에 경매 물건인 호평동 산63번지 위로 건물이 들어섰다.

14. 자동차 경매

2015년 겨울, 1996년 11월에 출고한 세피아 레오를 급히 폐차했다. 20년 된 낡은 차였지만, 출퇴근용이 아닌 장 보기와 근거리 위주로 운행했기에 별문제는 없었다. 하지만 경매 물건을 보러 다니느라 장거리 운행이 많아져 안전에 신경이 쓰였다. 수리를 다 해놨지만 언제 고속도로에서 고장날지 몰라 차를 바꾸기로 마음먹었다.

사실, 세피아 레오는 내 차인 듯 내 차가 아닌 아버지 소유의 차량이었다. 구입 당시 1,000만 원을 모은 아버지가 가족용 차량으로 샀다. 더 좋은 차를 구입할 수 있었지만, 아버지가 빚내는 걸 싫어해 현금으로 살 수 있는 한도에서 구입했다. 아버지는 막 운전면허를 딴 상태였고 나도 장롱면허증이라 운전하기 좋은 소형차를 원했다. 20년 동안 몇 건의 자잘한 사고를 냈지만, 나보다는 상대방 과실이 더 많았다. 문제는 연식이 오래되면 보험사의 차량기준가액이 낮아져 사고가 날 경우 차량가보다 수리비가 더 나온다. 그래서 문짝이라도 두세 군데 찌그러지면 수리도 못 하고 폐차할 처지였다.

　손에 쥔 현금은 없고 5년만 타겠다는 심정으로 자동차 경매에 뛰어들었다. 이왕이면 내 명의로 낙찰받으려 했으나 보험료가 세 배가가량 높아져 아버지 명의로 낙찰받아 '차량대체'로 보험계약을 승계했다. 거의 20년을 운전했지만, 보험가입경력이 낮아 자동차 보험료가 많이 올랐다(가족의 피보험자 경력 인정은 2013년 9월부터 적용되었다. 보험가입경력이 3년 이상이 되어야 보험료가 많이 낮아진다). 새 차도 아니고 몇 년만 사용할 중고차에 높은 보험료는 아까웠다.

　자동차의 권리분석은 부동산 경매보다 난이도가 높지 않다. 그래서 부동산 권리분석을 할 줄 알면 자동차 권리분석은 식은 죽 먹기다. 그런데 어찌하다 보니 처음부터 너무 복잡한 것을 골랐다. 그래서 낙찰받고 나서는 다른 물건들은 너무 쉬워 권리분석이라 할 만한 것도 없었다. 2016년 6월경, 기준금리가 역대 최저수준인 1.25%로 내려간 뒤로는 낙찰받을 만한 물건이 없어 용돈이라도 벌어볼 요량으로 자동차 경매에 계속 입찰했다. 사실, 자동차는 그다지 마음에 드는 물건이 좀처럼 나오지 않는다. 운행 중 압류된 차량이 많고 장기 주차된 상태라 배터리도 방전되고 지저분하다. 그러니 광택을 내고 수리까지 마친 중고 차량과는 겉모습에서조차 비교가 안 된다. 하지만 주행거리를 조작하거나 침수된 차량 등을 멀쩡한 차로 속이지 않기에 시작했다.

내가 낙찰받은 차량은 자동차등록원부에 2013년 04월 08일, 단독 근저당 뒤로 주정차위반 과태료와 자동차세, 자동차손해배상보장법위반 압류가 9건 정도 붙었다. 압류가 아무리 붙어도 근저당 뒤에 있는 것은 모두 말소된다. 그런데 갑자기 근저당보다 앞선 2009년 11월 10일 책임보험 과태료체납 압류가 붙는다. 다시 근저당보다 늦은 책임보험 과태료체납 압류가 붙다가 근저당보다 앞선 날짜인 2012년 12월 17일과 2011년 3월 8일 책임보험 과태료 압류가 여러 건 붙었다. 결국, 총 44건의 압류와 1건의 근저당이 있었는데 잔금 납부 후 모두 말소시켰다.

자동차 등록원부는 정부민원포털 민원24(https://www.gov.kr/portal/main)에서 검색창에 '자동차 등록원부'를 입력하면 해당 기관으로 들어갈 수 있다. 아니면 자동차민원 대국민포털(http://www.ecar.go.kr/)에서 소유자 비공개로 조회하면 타인 차량도 검색이 가능하다. 무료로 발급받을 수 있으니 자동차 경매 입찰 시 미리 발급받아 확인하면 된다.

임장 당시, 같은 날 입찰 예정인 평택지원의 스포티지 두 대와 쏘나타를 직접 확인했다. 쏘나타는 장시간 주차되어 있었지만, 상태가 그리 나쁘지 않았다.

근저당 뒤에 붙은 등록일자가 앞선 압류를 확인하기 위해 압류권자인 안성시청에 전화했다. 대체압류라 자신들은 모르니 법원에 알아보라고 한다. 앞서 촉탁 신청할 중랑구에 전화했을 땐 2009년 소유자의 세금이라고 했다. 법원에서는 전화로 곤란하니 직접 와보라고 한다. 하지만 평택까지 물어보러 가는 것이 내키지 않아, 나중에 잔금 낼 때 물어보면 될 것 같았다. 일단 근저당 채권자인 현대캐피탈(주)로 전화했다. 담당자와 통화하니 경매에 관련된 압류 건은 다 말소된다고 한다.

그럼, 대체압류란 무엇인가?

인터넷으로 검색하고 대체압류 4X다 69XX의 자동차 등록원부를 발급받았다. 세금을 안 내면 폐차할 수가 없다. 그런데 차를 아무데나 버리면 안 되니 오래된 차는 '차령초과말소제도'로 말소할 수가 있다. 이때 압류된 세금은 나중에 갚아도 된다. 갚지 않을 시 현재 사용하고 있는 차에 다시 붙는다. 그래서 채무자(차량 소유자)가 차를 바꾼 뒤에 세금이 다시 붙은 것이다(이 세금은 원소유주에게 계속 따라 붙는다). 개인 간 거래 시, 승계조건으로 계약해도 매수자가 승계 불이행 시에는 원주인에게 간다. 그러니 대포차가 안 되려면 매매나 폐차 시 허가 업체를 이용하고 끝까지 확인해야 한다.

부동산 경매로 물건을 처분할 경우에는 최우선변제 조건에 따라 배당한다. 가장 먼저 경매 비용을 제하고 경매 목적물에 사용된 필요비와 유익비, 임대차 보호법에 의한 보증금 일부(임금채권의 경우 최종 3개월분의 임금, 3년간의 퇴직금 및 재해보험), 경매 부동산에 부과된 국세와 지방세 그리고 가산금(당해세), 저당권 및 임차권 그리고 전세권에 의해 담보되는 채권, 근로관계로 인한 채권, 일반조세채권, 공과금(국민연금, 건강보험료, 산업재해 보험료), 가압류나 가처분 같은 일반채권 순이다.

지방세와 국세는 파산으로 면책을 받으면 결손 처리되기도 하지만 국민건강보험, 국민연금보험은 죽어서도 따라다닌다. 따라서 체납액도 상속되므로 채권보다 채무가 많으면 상속포기를 하거나 상속한정승인을 받아야 한다. 예전에 낙찰받은 토지에 딸린 각종압류가 상속인에게 이전되어 지분 땅을 매수하며 같이 정리해준 적이 있다. 상속인이 일부러 안 낸 게 아니라 세금 체납을 몰라 못 낼 수도 있다(상속 당시 미성년이었던 자녀가 거소를 옮기고 주소를 이전하지 않은 경우였다). 국민건강보험이나 국민연금보험은 납부기일 내에 납부하지 않으면 3%의 가산금이 붙는다. 하지만 그 후에도 계속 납부하지 않으면 연체일수에 따라 최고 9%까지 가산금이 붙는다(2008년 8월 이전에는 5%의 가산금과 최고 15%까지 붙었다. 2019년에는 국세기본법 개정안이 처리되어 징벌적 성격의 납부불성실가산세의 세율이 내린다는 소식도 있다).

과태료는 자치단체에서 우편으로 발송해주는데, 인터넷 검색을 해보니 이 우편물을 못 받은 사람들이 많았다. 그래도 자치단체는 아무런 잘못이 없다. 주소를 옮기거나 해서 못 받은 것은 본인 책임이다. 그러니 주소를 옮기면 주민등록증이나 등기부(등기사항전부증명서)를 정리해줘야 한다. 아니면 본인이 직접 확인할 수밖에 없다.

TIP

상속한정승인 : 상속에 의해 취득한 재산한도 내에서만 피상속인의 채무와 유증을 변제하는 상속, 또는 그와 같은 조건으로 상속을 승인하는 것이다. 빚이 더 많다면 상속포기를 하는 것이 좋고, 빚과 재산 중 어느 것이 더 많은지 알 수 없을 때는 한정승인 제도가 유효하다. 단, 상속개시가 있음을 안 날로부터 3개월 이내에 한정승인신고를 해야 한다. 다만 이때 상속인이 상속채무가 상속 재산을 초과하는 사실을 위 신고기간 내에 알지 못한 때는 '상속재산보다 부채가 더 많다는 것을 안 날로부터 3개월 이내'에 한정 승인신고를 할 수 있다.

자동차 입찰 전에 도서관에 들려 차량 관련 서적을 읽어보거나 구입해서 살펴봤다. 1시간 만에 책을 다 훑어보았는데 생각보다 별 내용이 없었다. 그나마 수리 차량 구별법은 많은 도움이 되었다. 요즘은 자동차 정비와 관련해 여러 동영상을 찾아볼 수 있어 혼자 공부하기 좋다. 대부분의 자동차 경매 관련 책들에는 권리분석에 관한 내용이 별로 없었다. 가장 확인하고 싶었던 대체압류 같은 용어 자체가 아예 없다. 그만큼 자동차 경매에는 권리분석을 할 게 없어서 그럴수 있다. 근저당 뒤에 오면 다 말소일 테니 말이다. 게다가 촉탁 관련(등기) 내용이 없다. 인터넷으로 검색해 책에 나온 것보다 더 많이 공부했다.

자동차를 낙찰받으며 가장 궁금했던 주차비는 경매 비용에 포함되어 낙찰자가 부담하지 않는다. 정기검사 유효기간이 지난 차량도 따로 과태료를 내지 않는다. 잔금 납부 후 한 달 이내에 정기검사를 받으면 다음 정기검사 일정을 등록원부에 적어준다. 낙찰받은 차량은 60일 이내, 1회에 한해 번호를 변경할 수 있다. 번호판을 바꾸면 새로운 자동차 등록원부를 발급해준다.

아버지 명의로 낙찰받아 대리인으로 갔기에 주민등록초본(등본)과 인감증명 두 통이 필요했다. 보통 주민등록등본을 요구하는데 전화로 물어봤더니 초본을 갖고 오라고 한다. 등본은 안 되는지 물었더니 알아서 가지고 오라고 한다(인터넷 검색 결과, 낙찰 후 주소 변경 시 초본이 필요하다는 내용이 있다. 의정부나 평택지원은 초본을 요구하는데, 5년 이내 주소 변동이 없으면 등본을 낸다).

자동차 인수 및 촉탁절차에 대해 인터넷으로 한참 찾아봤는데 속 시원히 알려준 곳이 없었다. 그래서 자동차 인수 및 촉탁에 관해 나름 정리했다. 대리인일 경우, 자동차 인수 시 인감증명 1통, 위임장 1통(특정 양식은 없으나 법원마다 비치되어 있다) 촉탁서류 제출 시 인감증명 1통, 위임장 1통이 필요하다.

잔금 납부 후 자동차소유권이전등기 및 말소등록촉탁서류에 우표를 붙여 제출하면 법원은 해당 자동차 등록사업소(또는 가까운 구청)로 보낸다. 해당 등록사업소에서 전화가 오면 자동차 등록(등기)을 해야 한다. 15일 이내에 등록을 안 하면 과태료를 물을 수 있기에 전화가 안 오면 직접 확인해야 된다. 집행관 사무실에 들러 매각대금완납증명원(원본)과 인감증명, 위임장을 제출하면 번호판을 준다.

차량은 잔금 납부 후 5일 이내에 인수하지 않으면 그 이후부터 1일 6,000원의 보관료가 부가된다. 차량을 받을 때 주차장에서 확인서류를 달라고 해서 복사해두었던 매각대금완납증명원을 건네주었다. 차량

은 등록세가 7%인 대신 양도세가 없어 굳이 서류를 더 갖고 있을 필요
는 없다(잔금 납부 후, 매각대금완납증명원을 받으면 2부를 미리 복사해두는 게 좋다).

자동차소유권이전등기및말소등록촉탁신청서

사 건   타경   호 자동차강제(임의)경매
채권자
채무자(소유자)
매수인

위 당사자간 귀원   타경 호 자동차강제경매사건에 관해 매수인은 귀원으로
부터 매각허가결정을 받고   년 월 일 대금전액을 완납했으므로 별지목록
기재 자동차에 대해 소유권이전등록 및 말소등록을 촉탁해 주시기 바랍니다.

첨 부 서 류

1. 말소할 등록사항 내역   4통(자동차 원부보고 말소할 사항 미리 정리)
1. 자동차 목록   1통(자동차 표시 2부 복사한 것)
1. 자동차등록원부   1통(민원 24에서 무료로 발급가능)
1. 주민등록등(초)본   1통(민원 24에서 무료로 발급가능)
1. 등록세영수증(이전, 말소)   ---〉 자동차 등록사업소에서 나중에 첨부
1. 송달료   (4,500원, 법원에 문의해 법원 내 우체국(은행)에서 구입)

                                            년   월   일
                            신청인(매수인)   인
                            연락처 :

                    평택지방법원 집행과 귀중

※ 법원 관련서류(촉탁)는 대법원 경매사이트(http://www.courtauction.
go.kr/)의 경매 서식에서 '자동차소유권이전등기 및 말소등록촉탁신청서'
를 다운받을 수 있다.

TIP

자동차 경매 차량 촉탁 및 인수 방법

1. 경매 입찰 후 잔금 납부 시 준비서류
 - 본　인 : 신분증, 도장(사인 가능)
 (대리인 : 위임장 2통, 인감증명 2통, 인감도장 추가)

2. 법원 해당 경매계에서 법원 보관금 납부 명령서 수령
 - 본인은 신분증 필요(대리인은 위임장 및 인감증명서 필요)
 ☞ 법원 내 은행에서 잔금 납부 후 해당 경매계에 영수증 제출(법원 제출용)
 - 수입인지 500원 구입(인지 또는 증지 필요, 해당 경매계에 문의)

3. 매각대금완납증명 신청서 작성(1부), 은행에서 구입한 수입인지 첨부
 ☞ 매각대금완납증명원 받아 민원실에서 1부, 뒷면 자동차 표시 3부 복사

4. 민원실 접수창구로 이동해 등기촉탁 서류 제출

5. 집행관 사무실 방문해 자동차 번호판 수령
 ☞ 매각대금완납증명원 원본 제출(대리인은 위임장, 인감증명 제출)
 ☞ 자동차 번호판 인수증 작성해 제출
 ※ 자동차 보험은 대차일 경우 당일에 가능하나 신규일 경우 전날 가입해두어야 다음 날부터 효력이 발생한다.

6. 자동차 인수
 ☞ 매각대금완납증명원 복사본 제출(근거자료 요구해 복사본 제출)
 ※ 법원에 따라 원본이나 복사본을 요구하거나 서류도 양식이 다 달라서 촉탁서류 준비하는 것 외의 서류는 가서 작성하면 된다.

7. 해당 자동차 등록사업소에 촉탁서류 도착했는지 확인
 ☞ 소유권 이전 창구에 가서 '이전등록 신청서 작성', 번호변경 요청(번호변경은 소유권 이전 후 60일 이내만 가능) 대리인은 위임장 추가제출
 ※ 대리인 신청 시: 위임인 인감도장, 신분증 + 대리인 신분증

☞ 취득세 납부 창구로 가서 '차량 취득세 신고납부 겸 세액신고서' 제출하면 취득세(7%)와 등록면허세(근저당 말소 비용 등 기타) 납부서를 준다.

☞ 은행에 서울도시철도채권과 함께 납부 후 맨 처음 갔던 소유권 이전 창구에 가서 영수증을 제출하면 번호를 고르라 한다. 번호판을 받아 알려준 장소로 가면 번호판을 교체해준다. 구 번호판을 반납하면 자동차등록원부를 새로 발급해준다(정기검사 기한은 자동차 등록사업소 관할이 아니다).

☞ 정기검사는 한 달 이내에 받아야 하며 정기검사가 끝나면 다음 정기검사 일정을 자동차등록원부에 기록해준다(정기검사 기간이 지난 물건의 경우에 해당된다).

자동차에 관한 모든 법은 '국가법령정보센터'에서 확인할 수 있다.

2. 자동차등록령

제4절 이전등록
제26조(이전등록 신청) ① 이전등록은 다음 각호의 구분에 따른 기간에 등록관청에 신청해야 한다. 〈개정 2011.10.19., 2013.12.17.〉
1. 매매의 경우: 매수한 날부터 15일 이내
2. 증여의 경우: 증여를 받은 날부터 20일 이내
3. 상속의 경우: 상속개시일이 속하는 달의 말일부터 6개월 이내
4. 그 밖의 사유로 인한 소유권이전의 경우: 사유가 발생한 날부터 15일 이내
② 등록관청은 자동차 소유자가 사망한 경우에는 국토교통부 장관이 정해 고시하는 기준에 따라 제1항 제3호에 따른 이전등록의 신청에 관한 사항을 안내할 수 있다. 〈신설 2011.10.19., 2013.3.23.〉

[전문개정 2009.10.19.]

낙찰받기 전에 보험사에 문의했을 때 차량가가 보험기준가로 591만 원이라 한다. 389만 원에 낙찰받아 잔금을 치르고 배터리와 각종 오일류 교환, 부품을 교체해 120만 원 정도 들었다. 광택에 실내 클리닝, 후방카메라에 블랙박스 등을 설치하고 취·등록세에 정기검사, 잡다한 비용까지 총 630만 원가량 들었다. 어쩌면 중고차를 사는 게 더 이득일 수 있다.

자동차에 관해 인터넷 검색을 하던 도중 몇 가지 새로운 사실을 알게 되었다. 출고된 지 2년이 안 된 새 차의 경우에는 사고 시, 수리비가 차량 금액의 20%가 넘으면 시세 하락 손해보상금을 청구할 수 있다(1년 이하는 15%). 또한, 상대방의 과실로 차가 전손되어 폐차하는 경우에 새 차를 구입했다면 폐차된 차를 기준으로 한 등록세와 취득세 등 차량 대체비용을 상대차 보험사에 청구할 수 있다. 앞으로 출고 후 3년 또는 5년 이하인 차량도 손해보상금을 받을 수 있도록 바뀐다고 한다.

대략, 연식이 3년 미만이면 감정가 대비 85% 이상 낙찰되었고 그럭저럭 괜찮은 차는 80% 이상, 그리고 연식이 오래되고 주행거리가 많은 차들은 70% 이하로 낙찰되었다. 연식이 10년 이상, 주행거리가 15만km가 넘어가면 경쟁자가 거의 없다. 그런데 감정평가 시점부터 취득 시까지 1년 정도 소요되니 감가상각도 고려해야 한다. 게다가 취·등록세 7%에 예상외의 수리비까지 지출할 수도 있다. 판로마저 찾지 못하면 수익은커녕 손실의 우려가 있다. 내가 사용할 자동차를 한 대 낙찰받고 나서는 수익을 따지다 패찰만 해서 6개월 만에 자동차 경매는 포기했다(자동차공업사들은 자체적으로 수리해서 팔려고 꾸준히 입찰하는 것 같다).

chapter 3
분쟁과 해결

15. 전자소송

　무작정 경매계에 뛰어들었지만, 자본은 없고 수익은 내고 싶어 돈이 될 만한 물건을 계속 찾았다. 간간이 뉴스에 나오듯 도로를 싼 값에 낙찰받아 제값에 팔거나, 건물이 있는 땅이나 지분물건을 정리해서 제값을 받거나 해야 수익이 된다. 사실, 토지를 사도 당장 수익이 나는 물건을 사야 오래 가져갈 수 있다. 개발도 안 되는데 보유세만 내다 보면, 오히려 손해를 볼 수 있다. 그래서 택한 것이 이자 수익이 날 만한 토지였다.

　경만 형님은 분양권과 지분으로 돈을 벌었다고 한다. 분양권은 자주 나오는 물건이 아니니 지분으로 많은 수익을 올렸을 것이다. "도로는 특별한 경우에 한 해 수익을 올리는 것인데, 다 그런 줄 알고 너도나도 뛰어든다"는 것이다. 나도 초기에는 도로로 돈을 벌 수 있을까 싶어 많이 기웃거렸다. 하지만 도로를 사서 되파는 게 쉽지 않을 것 같았다. 아예 없는 셈 치고 아주 싼 값에 사서 묻어놓으면 손자들이 덕을 볼 것 같다. 그 일대가 개발되면 제값을 받을 테니 말이다. 우리 할아버지가 이런 생각으로 먼저 도로를 사두었다면 얼마나 좋았을까! 그래서 나라도 한번 시도해보려 했지만, 아직은 돈을 묻어둘 여유가 없다.

도로를 제하고 나면 지상권과 지분만 남았다. 다른 특수 물건은 한동안 쫓아다니다 포기했다. 로또에 당첨되듯 어쩌다 한 번 올릴 수 있는 수익을 마냥 좇을 수는 없었다. 여러 번 유찰되어 가격이 떨어진 물건이라면 적어도 손해는 안 볼 것 같다. 지상권이 있는 토지는 대출이 안 되고 지분물건은 내 마음대로 할 수도 없고 팔기도 쉽지 않다. 그래서 낙찰받으면 분할소송을 염두에 둬야 한다.

지분물건을 낙찰받아 분할소송을 하고 경매로 처분하는 데 최소 1년 이상 걸린다. 사람이 많아질수록 소송 기간은 점점 늘어난다. 주소가 다르거나 일부러 받지 않으면 공시송달을 해야 하는데 그 전에 집행관이 직접 전해주는 특별송달을 먼저 해야 한다. 그러므로 비용도 함께 증가한다. 분할을 위해 협상하려 해도 상대방이 내 마음 같지 않아 쉽게 합의가 안 된다. 따라서 분할소송을 먼저 진행하고 협상해야 시간을 아낄 수 있다. 평상시 자신의 땅에 관심조차 없던 지분권자들이 지분을 나누려 하면 신경질적으로 각을 세운다. 운이 좋아 합의가 되면 소를 취하하고, 합의가 안 되면 판결을 받아 처리하면 된다.

변호사를 수임하는 경우는 최하 300만 원이고 법무사는 150만 원 정도였다. 10년 전 춘천지역 가격이라 수임료가 많이 올랐을 것이다. 소송목적 값이 오를수록 피고가 많을수록 비용은 늘어난다. 하지만 나의 경우는 법률구조공단을 이용하거나 법원의 무료법률상담을 이용하는 편이다. 사실, 속 시원한 답변을 들으려면 비용을 들여서라도 전문 변호사의 상담을 받아야 한다. 상담료는 대략 20분에 10만 원 정도라고 한다. 전문 분야의 변호사가 자신의 지식을 전해주는 것이니 필요하면 상담을 받아야 한다. 그래야 제대로 대응할 수 있다. 궁극적으로 변호사를 선임해도 충분한 수익이 날 만한 물건을 낙찰받아야 한다.

2010년 말, 특수물건인 건물이 있는 토지를 낙찰받아 잔금을 납부했다. 처음으로 대한법률구조공단에 가서 상담을 받았는데, 젊은 상담사가 지상권이 있다고 한다. 나는 지상권이 없다고 생각했는데 좀 이상했다. 그래서 다시 알아보고 대한법률구조공단에서 경륜이 있는 분을 찾았다. 이분은 채무관계로 며느리에게 증여한 것은 지상권이 없다고 한다(며느리는 상속인이 아니다).

간단히 정리하면, 할아버지였던 건물주가 사망해 할머니에게 토지만 상속되었다. 건물은 무허가 미등기 건물로 정리가 안 되어 망인의 이름으로 남아 있었다. 그 후 토지만 경매로 나와 채무를 대신 갚아준 며느리에게 할머니가 토지를 증여했다. 그 며느리의 토지가 다시 경매로 나와 내가 낙찰받은 것이다.

TIP

상속인 : 피상속인의 사망 또는 실종신고로 상속재산을 물려받은 사람을 말한다. 상속은 1순위로 피상속인의 직계비속·배우자, 2순위로 피상속인의 직계존속·배우자, 3순위로 피상속인의 형제자매, 4순위로 피상속인의 4촌 이내의 방계 혈족의 순서로 이루어진다.

2010타경3113		• 춘천지방법원 본원 • 매각기일 : 2010.12.06(月) (10:00) • 경매 3계 (전화:033-259-9712)				
소 재 지	강원도 춘천시 효자동	도로명주소검색				
물건종별	대지	감 정 가	37,000,000원	오늘조회: 1 2주누적: 0 2주평균: 0 조회동향		
				구분	입찰기일	최저매각가격	결과
토지면적	185㎡(55.963평)	최 저 가	(49%) 18,130,000원	1차	2010-10-04	37,000,000원	유찰
				2차	2010-11-01	25,900,000원	유찰
건물면적	건물은 매각제외	보 증 금	(10%) 1,820,000원	3차	2010-12-06	18,130,000원	
				낙찰 : 18,730,000원 (50.62%)		
매각물건	토지만 매각	소 유 자	변○○	(입찰1명,낙찰:남양주시 정재용)		
				매각결정기일 : 2010.12.13 - 매각허가결정		
개시결정	2010-04-14	채 무 자	변○○	대금지급기한 : 2011.01.13		
				대금납부 2011.01.11 / 배당기일 2011.02.14		
사 건 명	임의경매	채 권 자	김○○	배당종결 2011.02.14		

2011년 초, 낙찰받은 대지의 지상권을 해결하기 위해 직접 소장을 작성했다. 하지만 혼자 참석한 첫 변론기일에 판사님이 전문가의 도움을 받아보라고 권한다. 몇 군데 틀리면 보정명령을 내리는데, 손볼 곳이 너무 많아 아예 소를 취하하고 다시 하라는 얘기였다. 6개월을 투자해서 건진 것은 망인의 상속자들이 누구인지 알게 되었다는 것이다. 할머니 혼자 살았지만, 미등기 건물의 상속인은 손자까지 14명이나 되었다. 이때 여러 변호사 사무실을 찾아다녔는데 대부분 300만 원이라 했다. 하지만 선뜻 나선 곳이 없었고 막상 계약하려고 하니 500만 원을 달라고 한다. 상속자가 많아 송달료가 많이 든다는 것이다.

감정가 3,700만 원짜리의 건물이 있는 대지를 1,873만 원에 낙찰받았기에 500만 원의 수임료는 부담이 컸다. 그래서 150만 원에 법무사 사무실에 맡기고 50만 원의 추가 송달료는 따로 납부하기로 했다.

2년 가까이 끌었던 '건물철거 및 부당이득금 반환청구 소송'에서 피고들(소송을 제기한 사람을 원고라 하고 상대방은 피고라 한다)은 한 번도 참석하지 않은 채 승소했다. 하지만 판결문을 받고도 전혀 반응하지 않아 건물을 철거하기로 마음먹었다. 소송을 진행했던 법무사에게 다시 부탁하니 직접 해보라고 한다. "나 없이도 충분히 잘 할 수 있을 것 같다"는 말에 '일에 비해 수임료가 너무 적어서 그런가?' 하는 생각이 들었다. 결국, 대체집행신청서를 제출해 집행문을 발급받았다. 그 뒤로 할머니의 사위를 만나 협상했다.

마음 같아서는 건물을 철거하고 그 비용을 회수하려 했지만 좀 막연했다. 건물을 철거하려다 실익이 없어 머뭇대는 와중에 형편이 어렵다는 큰아들에게 소송비용과 은행이자만 받고 되팔았다. 자신은 아무것도 모른다며 자식들 전화번호조차 안 가르쳐준 할머니는 얼마 전 교통사고로 돌아가셨다고 한다. 내 전화번호를 자식들에게 알려주라고 해도 듣지를 않았다. 어쨌든 점유자도 없고 상속인들에게 철거비용과 토지사용료를 모두 전가할 수 있으니 절호의 기회였다. 하지만 남의 불행을 이용하기도 그렇고 약속은 약속인지라 깨끗하게 정리했다. 2년 넘게 고생하며 실익은 하나도 얻지 못했다.

그 뒤로도 남의 사정을 봐주다가 실익을 얻지 못한 경우가 몇 건 더 있다. 춘천 시내에 가기 전, 팔미리에 지상권이 없는 건물의 대지를 낙찰받은 적이 있다. 그 당시 토지 소유주는 다른 사람이었고 건물주도 입찰했는데 30만 원 차이로 내가 낙찰받았다. 이때는 유찰이 안 된 상태에서 101.29%에 낙찰받았다. 건물주가 토지를 되사겠다고 했지만, 생각했던 금액과 차이가 많아 공인중개업소에 건물과 토지를 같이 내놓았다. 건물이 철거되면 이사비도 못 건지기에 배려해준 것이다. 며칠 만에 매수자가 나타났는데 건물주가 돌변해 계약하러 오지 않은 채 사정사정하는 바람에 몇 푼 남기고 되팔았다. 건물을 철거하거나 애초 약속한 대로 같이 팔았다면 수익이 많이 남았을 것이다. 그 사람 입장에서는 "30만 원 차이로 억울한 일이 생겼다"고 하겠지만 내가 그런 일을 당했다고 상대방이 똑같이 배려해줄리 만무하다.

되돌아보면 참 미련한 짓을 했다. 돈을 벌기 위해 시작한 경매인데 남의 사정을 봐주느라 내 수익을 포기한 것이다. 몇 푼의 수익으로 위안 삼았지만, 지금은 내가 팔았던 그 가격으로 절대 못 산다. 그런 비슷한 물건조차 나오지 않는다. 어쩌면 다른 물건을 낙찰받아 계속 수익을 낼 수 있다고 자만했는지 모른다. 하지만 이런 물건은 자주 나오지 않을뿐더러 항상 수익만 내는 게 아니라는 사실을 깨달았다. 만일, 똑같은 상황이 온다면 집을 헐값에 사들이거나 철거 후에 신축할 생각이다.

그 당시 왜 그리 급하게 팔려 했는지 지금 생각해도 이해가 되지 않는다. 건물을 철거하고 신축할 능력이 안 되면 토지사용료만 받아도 은행이자 이상 나온다. 토지사용료를 안 내면 강제집행 해서 직접 낙찰받으면 된다. 다른 사람이 낙찰받으면 토지사용료를 받으면 된다. 토지사용료는 합의가 안 되면 반드시 소송으로 확정 판결을 받아야 한다.

어쨌든 첫 소송을 어렵게 끝내고 나니 2015년 이후, 두 번째 소송부터 편하게 대처할 수 있었다. 게다가 2011년 5월 이후에는 전자소송도 가능해 집에서 소장을 제출할 수 있다. 전자소송을 하면 많은 장점이 있다. 인지액을 10% 할인받을 수 있고, 내 송달료도 아낄 수 있다. 또한, 모든 기록이 전산화되어 소송에 관련된 모든 자료를 신속히 볼 수 있다(자료를 저장할 수도 있고 인쇄도 가능하다). 인터넷으로 모든 서류를 제출하므로 법원을 방문하는 일이 줄어든다. 종이 소송의 경우에는 송달받은 자료 외에는 법원에 찾아가야 볼 수 있고 복사를 하려면 비용도 발생한다. 일반소송도 소송 초기에는 전자소송 전환허가 신청서를 작성해 제출하면 전자소송으로 전환이 가능하다.

대한민국 법원 전자소송 사이트(https://ecfs.scourt.go.kr/ecf)를 이용하려면 한국정보인증(주)의 전자소송용 공인인증서가 필요하다. 공인인증서는 전자소송 홈페이지에 접속해 좌측 아래의 '처음 오셨나요?' 밑에 공인인증서 안내를 참조하면 된다. 전자소송을 체험해보는 것도 공인인증서가 필요하나 '회원가입 없이 체험하기'를 클릭하면 공인인증서 없이 체험할 수 있다. 맨 밑의 마지막 매뉴얼/동영상을 클릭하면 '전자소송 이용을 위한 사전준비사항'을 동영상으로 안내받을 수 있다.

인터넷 포털 사이트에서 '나 홀로 전자소송'을 검색하면 여러 블로그를 찾을 수 있다. 판결문을 받아 강제집행 했다는 내용도 찾을 수 있으니 참조하면 된다. 판결에 따른 강제집행을 하려면 판결문과 송달증명원/확정증명원(판결문 송달 후 2주 이내에 상소를 안 하면 확정된다), 그리고 집행문을 발급받아야 한다. 이 서류를 첨부해 강제집행 신청(경매)을 하면 된다.

소송을 처음 하다 보면 모르는 것이 많아 적잖은 실수를 하게 된다. 그래서 빨리 진행해 승소하려면 전문가의 도움이 필요하다. 문제는 실익이 있는지인데 소액재판의 경우, 이익보다 변호사 비용이 더 많아지므로 직접 할 수밖에 없다. 어쨌든 일단 시작하고 보자는 마음으로 알음알음 20여 건의 소송을 진행하며 몇 가지 중요한 사실을 알게 되었다.

첫 번째, 소장을 제출할 때는 관할법원에 해야 하는데 지방법원의 경우, 소액재판 외에는 상급법원에 제출해야 한다. 가령 3,000만 원 이하 소액재판의 경우 소재지 법원인 가평군법원에 할 수 있지만, 토지사용료나 강제집행(경매) 등을 진행하려면 관할법원인 의정부지방법원에 제출해야 한다.

대한민국 법원 각급 법원(관할법원 찾기)
http://www.scourt.go.kr/region/location/RegionSearchListAction.work

두 번째, 소장을 제출하면 피고는 그에 따른 반박 서류인 답변서를 제출한다. 그 뒤로 추가되는 서류는 모두 '준비서면'이라 부른다. 준비서면은 상대방에게 도달한 뒤 반박할 시간이 필요하므로 변론기일 전에 미리 제출해야 한다. 그렇지 않으면 증거로 인정받지 못한다. 불필요한 준비서면은 송달료만 낭비되니 꼭 필요한 경우에만 제출한다(상대방의 이상한 논리에 대한 감정적인 반박이나 증거가 없는 반박은 무의미하다).

강촌리 분할소송의 경우, 피고가 소장을 받은 후 답변서를 제출하며 전자소송으로 전환했다. 그 뒤로 모든 서류를 열람하지 않았지만, 전자소송 특성상 7일 이후에는 다음 날 0시에 송달되는 것으로

월급쟁이, **부동산 경매**로 벤츠 타다

처리된다(자동송달). 일반소송일 경우에는 야간송달이나 주말송달 등이 추가되어 비용과 시간이 많이 늘어났을 것이다.

세 번째, 재판에 참석하지 않으면 매우 불리하기 때문에 반드시 출석해야 한다. 만일, 출석하지 못할 경우에는 기일변경신청을 하면 된다. 입증 책임이 있다면 판사님을 설득하기 쉽게 만반의 준비(서류)를 갖춰야 한다. 만일, 방해배제 청구권 등이 있다면 입증 책임을 상대방에게 넘기는 게 유리하다. 소송 중에 의문이 드는 사항은 반드시 법률자문을 받아서 정리해야 한다.

네 번째, 입증에 도움이 될 만한 자료는 빠짐없이 챙겨야 한다. 춘천에 낙찰받은 토지의 진입로에 말뚝을 박아 통행을 방해한 인삼밭 주인을 형사 고소한 적이 있다. 포장이 안 된 진입로지만 지적도상 도로가 60% 정도 포함되었기에 일방교통방해죄가 성립될 줄 알았다. 하지만 피고소인(상대방)이 인삼밭 사이를 지나게 해준 것이라는 주장을 근거로 불기소 처분되었다. 법원에서 형사의 현장조사 의견을 그대로 반영한 것이다. 항고와 재정신청까지 했지만, 서류만 검토했는지 기각되었다. 지금도 난 그 형사를 의심하고 있다. 경찰서에 진술하러 갈 때 해당 도로의 지적도를 가져가려고 했지만 "필요 없다"고 했다. 입증자료가 왜 필요 없다고 했는지 이해가 안 된다. 민사 소송을 진행하며 지적도에 실제 말뚝을 박은 곳과 도로를 색상별로 표시하니 쉽게 알아볼 수 있었다. 그 뒤로 감정적으로 소장을 쓰지 않고 컴퓨터로 작성해 꼼꼼히 수정하고 서류도 빠뜨리지 않으려고 노력했다.

다섯 번째, 소송 중이거나 판결문에 오타 또는 잘못된 문장은 반드시 확인하고 경정 신청해야 한다. 경정신청을 할 때는 모두 찾아서 하나하나 특정해야 한다. '법원에서 알아서 해주겠지…' 하는 생각은 버려야 한다. 포천 '금동리' 분할소송의 경우 판결문에 '금도리'로 나와 등기소에서 반려되었다. 아무리 지번이 같아도 글자가 한 자라도 틀리면 접수가 안 된다. 판결문을 받고 2주 이내에 경정신청을 해야 한다. 그렇지 않으면 경정소송을 통해 바로 잡아야 한다. 판결문의 해석에 오류가 있는 경우도 있다. 청산종결된 법인의 토지사용료 소송의 경우, 소장을 잘못 작성해 판결문으로는 강제집행이 안 될 뻔했다. 내 실수보다는 앞선 판례를 따라 똑같이 썼다가 빚어진 촌극이었는데, 장문의 소명서로 읍소해 경매개시 되었다. 2011년부터 5년 6개월간 경정한 판결문이 무려 2만 9,972건이라 한다.

TIP

민사 조정을 할 때 주의할 점

1) 조정 시 소송비용을 정하지 않으면 각자 부담한다(공유자의 경우 법적으로 같이 부담하게 되어 있지만, 분할 측량비용을 합의하지 않아 혼자 부담했다).

2) 소송 중 주소를 바꿀 경우 판결문에도 바뀐 주소로 나온다. 공유물 분할소송 때 피고가 주소를 법무사 사무실로 바꾸었다. 그 바람에 판결문에 법무사 사무

실 주소로 나와 피고의 주민등록 초본을 발급받지 못했다. 주민등록초본은 분할등기 시 필요하므로 기존 주소를 함께 표기해달라고 해야 한다(주민등록번호를 표시하는 게 가장 확실하다).

3) 토지사용료의 경우, 합의가 안 되면 소송을 통해 금액을 확정할 수 있다. 그러므로 이자 등을 요구하려면 판결문 이후에나 가능하다.

4) 판결 이후에 소송비용을 이유로 항고할 수 없다.

5) 차후에 승소하고도 피고가 이행하지 않을 경우를 대비해야 한다(예를 들면 OO년 OO월 OO일까지 철거하지 않으면 연 15%에 해당하는 금원 OOO원을 지급한다. 토지사용료로 OOO원을 지급한다. 미지급 시, 연 5%의 비율로 추가 이자를 지급한다 등등. 반드시 이행할 수 있도록 문구를 잘 만들어두어야 한다).

6) 피고가 여러 명일 경우에는 송달이 늦어져 판결이 오래 걸린다. 따라서 한 번에 처리하지 않아도 되는 사건이면 일부에게 승소한 후 나머지 사람들을 상대로 소송해도 된다(토지사용료의 경우에는 모든 건물주를 상대하는 것보다 몇 명만 소송해 판결문을 받은 후 나머지 사람들과 협상하거나 추가로 소송해도 된다)

경만 형님은 "소장은 물론 준비서면을 직접 작성해도 변호사를 수임한다"고 한다. "법정에 변호사가 참석해야 승률이 높아진다"며 자신이 모든 서류를 준비하는 대신 수임료를 깎는다는 것이다. 개인이 아무리 법을 많이 알아도 법정에서는 전문가인 변호사를 더 신뢰할 것이다. 그러니 변호사가 재판에 참여하는 것만으로도 유리하게 작용하는 것이다. 이렇듯 경매 고수도 변호사를 선임하는데, 그보다 하수인 내가 나 홀로 소송을 한 이유는 오로지 수익 때문이었다. 그러니 변호사를 선임해도 수익을 충분히 올릴 수 있는 물건을 낙찰받는 게 중요하다.

16. 낙찰받은 물건 정리

10년 전, 경만 형님에게 물었던 적이 있다.

"전업 투자를 하려면 자본금은 얼마나 있어야 하죠?"

"최소한 5억 원은 갖고 있어야 한다. 돈이 없으면 조급해지고, 실수해도 만회할 수 있는 최소한의 금액이다. 생활비도 필요하기에 뻔히 오를 물건인 줄 알아도 당장 먹고살려면 팔 수밖에 없다."

그는 땅을 팔아 마련한 종잣돈 5억 원으로 지금의 부를 이루었다.

나의 경우에는 직장을 다니고 있어 생활비는 별문제가 없었다. 다만, 워낙 자본이 없다 보니 좋은 물건을 낙찰받을 수 없었다. 대부분 1억 원 내외의 물건은 경쟁률이 높다. 10억 원이 넘어가면 경쟁자가 별로 없고 20억 원이 넘어가면 확 줄어든다(경만 형님은 자신의 돈에 맞춰 경매 투자를 하는 사람이 대부분이라 7억 원 이상은 단독 입찰이라 한다. 돈이 없는 선수들은 공동 투자로 큰 건을 해서 나눈다고 한다). 액수가 커질수록 한두 명 정도밖에 안 남게 된다. 그러니 돈이 돈을 버는 구조는 맞다. 하지만 언제까지 자본금 타령만 할 수는 없어 나에게 맞는 물건을 찾아나섰다.

돈을 마련하는 대로 물건을 낙찰받아 은행이자보다 높은 월세를 받았지만 신경이 많이 쓰였다. 금액이 적어 어떨 때는 인건비도 안 나올 것 같았다. 아무리 따져봐도 10만 원이 나오는 상가 열 개보다 100만 원이 나오는 상가 한 개를 보유하는 게 훨씬 낫다. 한 개의 상가와 열 개의 상가를 관리하는 건 차원이 다르다. 그래서 웬만하면 다 정리하고 하나라도 제대로 된 물건을 낙찰받고 싶었다. 어차피 1,000만 원짜리 경매 물건이나 10억짜리 경매 물건이나 들이는 품은 똑같다. 하지만 1,000만 원짜리는 100% 수익을 낸다 해도 1,000만 원이지만, 1억 원짜리는 10%의 수익만 내더라도 1,000만 원이다.

재산목록을 늘리는 것보다 제대로 된 물건이 더 중요하다. 그래서 내가 쓸 물건 외에는 모두 처분할 마음으로 춘천 물건들을 부동산에 내놓았다. 하지만 1년이 지나도록 소식이 없었다. 물론, 공인중개사에게 계속 독촉하고 웃돈도 얹어준다고 하면 좀 더 신경 써줄 것이다. 그러나 2,000만 원 내외의 물건들을 그렇게 열심히 신경 써줄 리 없다. 어차피 공인중개사도 2억 원짜리나 2,000만 원짜리나 건물을 보여주고 계약서를 쓰는 건 똑같기 때문이다. 하지만 중개수수료는 하늘과 땅 차이다.

한 번은 경만 형님이 낙찰받은 물건은 5년마다 정리했다고 하면서 처음에 받은 물건들은 지나고 보니 다 쓰레기 같은 물건이라고 한다. 나도 좀 그런 면이 있었다. 눈이 높아지니 이제는 거들떠보지도 않을 물건들이다. 하지만 그 당시에는 최선이었으리라. 나는 빚을 내서 시작했기에 종잣돈조차 큰 차이가 났지만, 최선을 다해 쓸어모았다.

"너도 정리해라!"

"벌써 내놨어요."

이미 부동산에 내놓았기에 자신 있게 말했다. 하지만 1년이 넘도록 팔리지 않았다. 탐낼 만하거나 좀 괜찮다 싶은 물건은 아니었다. 좀 괜찮다 싶은 물건은 이미 다 팔아치운 뒤였다.

"돈이 없을수록 분산시키지 말고, 모아서 제대로 된 물건을 낙찰받아야 한다."

경만 형님이 나에게 해준 조언이었다.

그 뒤로도 경만 형님을 몇 번 더 찾아갔지만, 얘기가 없다가 거의 1년 만에 다시 물었다.

"정리는 다 되었냐?"

"형님, 1년이 다 되어가는 데도 안 팔려요."

"그걸 누가 사냐? 경매로 넣어야지!"

"그럼 손해 보잖아요."

"정리하려면 그렇게라도 해야지. 너무 걱정은 마라, 놀라운 일이 벌어질 거다."

경매로 낙찰받은 물건을 일반 매매로 팔 생각만 했지, 경매로 팔 생각은 못 했다. 경만 형님은 이미 경매로 처분한 경험이 많다. 때론 신천역(현 잠실새내역) 부근의 근린주택처럼 손실이 커져 취하한 경우도 있다. 그 뒤로 39억 원가량에 매도해 손해는 보지 않았다. 어

쨌든 형님과 얘기하다 내린 결론은 좋은 물건은 잘 팔리고 나쁜 물
건은 팔리지 않는다. 그러니 "누구나 탐내는 좋은 물건은 팔지 말고
오른 만큼 대출받아 다른 곳에 투자해야 한다"는 것이다. 최종적으
로 땅을 낙찰받아 건물을 지어 임대사업을 하고 오른 만큼 대출을
받아 다른 건물을 지을 생각이다.

경만 형님의 조언대로 안 팔리는 물건을 정리하기 위해 공증에
대해 알아봤다. 약속어음 공증의 경우는 변제기일이 경과하면 7일
이후에 강제집행이 가능하다고 한다. 단, 강제집행력은 있지만, 지
연손해금은 주장하지 못한다. 지연손해금까지 청구할 수 있는 채무
변제 계약공정증서도 같은 효력이 있는데, 비용이 좀 더 비쌌다. 지
인인 채권자와 함께 공증사무실을 찾아가 7,000만 원짜리 약속어음
을 발행했다. 그리고 채권자로부터 위임장을 받아 춘천 소재의 물건
다섯 개를 강제경매 신청했다. 채권자가 송달받을 주소도 내 주소로
바꿨다. 낮에는 채권자가 집에 없기 때문에 송달이 안 되면 경매가
지연될 수 있다.

부동산 강제경매신청서를 제출하고 경매로 인해 계약금을 못 받
게 되면 책임지고 돌려주겠다고 임차인들에게 경매 사실을 알렸다.
워낙 소액 물건들이다 보니 다른 곳에서 대출받아 대금을 납부했기
에 근저당이 하나도 없었다. 등기 후에도 단독으로는 대출받기 어려
워 그대로 내버려둔 것이다. 주택에 입주하면 전입신고를 하고 확정
일자를 받아야 하듯 상가는 사업자등록을 해야만 법적으로 보호받
는다. 사업자등록이 안 되어 있으면 임차인은 경락인에게 대항할 수

없다. 따라서 우선변제도 받을 수 없어 기존에 계약한 임대인에게 받아야 한다. 임차인이 사업자등록을 안 해서 불안했는지 보증금만큼 월세를 안 내겠다고 한다. 경매 물건 대다수는 월세가 밀려 있는 경우가 많은데, 임차인이 보증금을 다 받지 못할 경우에는 좋은 대안이 될 수 있다.

춘천지방법원에 강제경매를 신청하고 기일이 안 잡혀 확인해보니 4평짜리 1층 상가에 나도 모르는 44명의 점유자들에게 임차인통지서를 발송했다. 게다가 다른 상가의 공유토지에 나도 모르는 두 명의 점유자도 있었다. 그래서 부랴부랴 춘천법원에 가서 문건을 확인했다. 상가건물 임대차 현황서의 대상은 내 건물의 주소가 맞으나 임차인별 현황에는 임차인 45명 중 44명의 주소가 달랐다. 내 건물에 있는 한 명의 임차인 또한, 2007~2008년까지 임차현황으로 내 소유의 50호와 다른 사람 소유의 68호에 공동 신고했다. 나는 2009년 5월경에 취득했기에 전주인과의 임대차 계약인 것이다.

직접 세무서로 찾아가 상가건물임대차현황서를 발급받았다. '확정일자 임대차 계약 해당 없음'으로 나왔다. 개인발급은 소유주 물건이나 임차인 물건으로 한정되어 있지만 "법원의 집행관들은 상가건물임대차 현황자료를 모두 받아볼 수 있다"고 한다. 따라서 임대인은 내 이름이지만, 임차인들이 점유한 점포는 주소가 모두 달랐기에 상가 전체의 임차인 같았다.

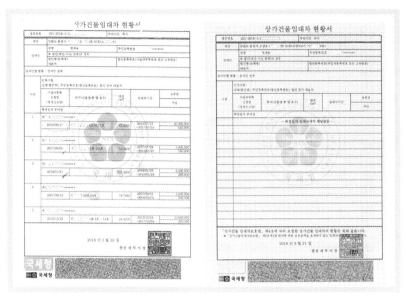

법원에서 복사한 자료　　　　　　　　直접 발급받은 자료

　집행관 사무실의 현장 조사관은 세무서에서 발급해준 서류 그대로 올릴 수밖에 없고 "이상이 있으면 경매계에서 반려한다"는 것이다. 경매계 담당자는 "집행관실에서 조사한 그대로 올리는 게 맞다"며 내 주소 밑에 임차인들이 있으니 맞는 것이라 한다. 나는 임차인의 주소가 전부 다르니 아파트 한 채의 임차인 자료를 올려야 하는데, 한 동의 임차인을 올린 것이나 다름없다고 했다. 하지만 경매계 담당자는 오히려 제대로 처리한 것이라며 계속 맞섰다. 현장 조사관을 다시 찾아가니 이런 일은 처음이라면서 해결해줄 방법이 없다고 한다(지금 생각해보니 세무서에서 잘못 발급해줬다 해도 실무자인 현장 조사관이 바로 잡는 게 맞는 것 같다). 여러 궁리 끝에 그들의 상급자인 사법보좌관을 찾아갔다.

사전 약속이 없으면 사법보좌관을 못 만난다고 경비원이 막아, 사정을 설명하니 먼저 감사실로 안내한다. 하지만 감사실 직원은 자신도 과거에 경매계장을 했었다며 "임차인들이 우편물을 받고 답신을 안 해도 경매는 그대로 진행된다"고 한다. 그러니 그냥 기다리면 된다는 것이다. 그래서 "20여만 원의 송달료와 경매가 지연된 것은 어떻게 보상받을 수 있냐?"고 물으니 대답이 없다. 더 큰 문제는 존재하지도 않는 임차인들 때문에 낙찰가가 낮아지고 내가 알지 못하는 변수가 생길 수 있다는 것이다. 그런데도 나보고 그냥 감내하라고 계속 설득하기에 그냥 나왔다. 사과도 못 받고 해결방법도 못 찾았으니 시간만 낭비한 셈이다.

감사실을 나와 물어물어 사법보좌관을 찾아갔다. 찾아간 이유와 "두 사람이 핑퐁을 친다"고 하자 사법보좌관이 "그런 말은 하지 말라"고 한다. 내가 발급받은 임차인이 없는 상가임대차현황서를 보여주니 확인해보고 이상이 있으면 재조사를 해주겠다고 한다. 임차인이 없는 서류는 경매계에서도 보여줬지만 아무 소용이 없었다. 그 뒤로 25일 만에 현황조사보고가 다시 나왔다. 내 입장에서는 20여만 원의 등기 송달료와 한 달이 넘는 시간을 허비한 셈인데 어떠한 사과나 보상도 못 받았다. 그래도 앞으로 잘 처리될 거라는 위안을 삼으며 경매 기일을 기다렸다.

경매 공고를 보니 이번엔 다섯 건의 물건 중 세 개의 상가를 한데 묶어 [1]번 물건으로 나왔다. 해당 경매계에 전화하니 담당자는 "사법보좌관님이 결정한 것이라 어쩔 수 없다"는 것이다. 10년 정도 경매 물건을 봐왔지만, 지하와 지상으로 나뉘어 있는 독립된 상가 세 개를 한데 묶어 진행하는 경우는 내가 처음이다. 아무리 생각해도 일반 업무를 맡은 실무자 대신 사법보좌관이 관여해 이렇게 해라, 저렇게 해라 지시할 리 만무하다. 어쨌든 한 번도 아니고 두 번이나 연속으로 이례적인 일이 생기니 '우연이 아닌 보복'이라는 생각밖에 안 들었다.

물건 상세 검색, 자동차·중기검색 시 물건기본정보

1년 전, 경매로 나온 스타렉스 차량을 보러 퇴계동에 있는 주차장을 찾아갔는데 차량이 없어 물어물어 행방을 알아냈다. 법원에서 가져갔다는 말에 집행관실에 전화했다. 전화를 받은 여직원은 차량이 율문리에 있다고 한다. 전화를 끊고 핸드폰으로 대법원 경매사이트를 검색하니 여전히 퇴계동으로 나왔다. 홈페이지에는 퇴계동으로 나와 있는데 왜 바꾸지 않았냐고 물으니 "제대로 되어 있다"며 끝내 믿지를 않았다. 퇴계동은 다른 볼일로 itx를 타고 가며 잠시 들렸지만, 율문리는 외지고 먼 곳이라 택시를 타야만 했다. 게다가 시간도 없어 임장을 포기했다. 집에 돌아와 확인해보니 물건상세 검색과 자동차·중기검색은 보관 장소가 퇴계동으로, 사건번호 검색의 배당요구종기 내역에만 율문리로 나와 있다.

사건번호 검색 시 배당요구종기내역

 어떻게 검색하든지 제대로 나와야 하는 것 아닌가. 그래서 춘천지방법원에 민원을 넣으려 했는데 접수창구가 없어 국민신문고에 민원을 넣었다. 그때도 상대가 하도 믿지를 않아 내 말이 맞으면 민원을 넣겠다고 했었다. 그런 일이 있었기 때문에 관련 직원의 얘기를 듣고 얼토당토않게 보복을 했을 리 만무하다. 하지만 다른 이유가 생각나지 않아 한참 의심했다. 경만 형님은 "일부러 그럴 리 있겠냐?"며 그냥 잊으라 한다. 말 그대로 민사소송이나 행정소송을 해도 내 시간만 뺏길 뿐 실익이 없어 그동안 잊고 지냈다. 그래서 인허가 공무원이 잘못해도 "을의 입장이 되면 제대로 말도 못 하는 게 아닌가?" 하는 생각마저 든다.

2018타경301 (1)   • 춘천지방법원 본원 • 매각기일 : 2018.10.15(月) (10:00) • 경매 3계(전화:033-259-9712)

| 소 재 지 | 강원도 춘천시 소양로2가 172-1, 춘천서부시장점포신동아아파트 | | | 도로명주소검색 | | | |
| 새 주 소 | 강원도 춘천시 서부대성로 12, 춘천서부시장점포신동아아파트 | | | | | | |

물건종별	근린상가	감 정 가	50,500,000원	오늘조회: 2 2주누적: 1 2주평균: 0 조회동향			
				구분	입찰기일	최저매각가격	결과
대 지 권	25.56㎡(7.732평)	최 저 가	(34%) 17,322,000원	1차	2018-07-02	50,500,000원	유찰
				2차	2018-08-06	35,350,000원	유찰
건물면적	95.213㎡(28.802평)	보 증 금	(10%) 1,740,000원	3차	2018-09-10	24,745,000원	유찰
				4차	2018-10-15	17,322,000원	
매각물건	토지·건물 일괄매각	소 유 자	정재	낙찰 : 19,800,000원 (39.21%)			
				(입찰1명,낙찰:춘천시 신동면 김__)			
개시결정	2018-01-18	채 무 자	정재	매각결정기일 : 2018.10.22 - 매각허가결정			
				대금지급기한 : 2018.11.29			
사 건 명	강제경매	채 권 자	김__	대금납부 2018.11.28 / 배당기일 2018.12.11			
				배당종결 2018.12.11			
관련사건	2008타경10590(15)(소유권이전)						

| 사진 | 건물등기 | 감정평가서 | 현황조사서 | 매각물건명세서 | 부동산표시목록 | 기일내역 | 문건/송달내역 |
| 전자지도 | 전자지적도 | 온나라지도* | | | | | |

■ **매각물건현황** (감정원 : 은하감정평가 / 가격시점 : 2018.02.08)

목록	구분	사용승인	면적	이용상태	감정가격	기타
건1	소양로2가 172-1 (11층중1층 50호)	92.08.03	12.21㎡ (3.69평)	판매시설	9,520,000원	
건2	소양로2가 172-1 (11층중지하1층 56호)	92.08.03	50.4㎡ (15.25평)	창고 (공실)	15,680,000원	
건3	소양로2가 172-1 (11층중지하1층 57호)	92.08.03	32.603㎡ (9.86평)	창고 (공실)	10,150,000원	

목록	토지현황	대지권의 목적인 토지	감정가격	기타
토1	소양로2가 172-1 (1층 50호)	3520.5㎡ 중 3.068㎡	4,080,000원	
토2	소양로2가 172-1 (지하1층 56호)	3520.5㎡ 중 13.657㎡	6,720,000원	
토3	소양로2가 172-1 (지하1층 57호)	3520.5㎡ 중 8.835㎡	4,350,000원	

| 현황 위치 | • "춘천서부시장" 내에 위치하고,부근은 제래시장 등으로 형성된 지역으로 제반환경은 보통 정도임.
• 건물내로 차량접근 가능하며, 인근 버스정류장까지의 거리 및 운행상태 등으로 보아 대중교통사정은 대체로 무난한 편임.
• 건물의 부지는 등고 편탄한 부정형의 토지로서 아파트 및 근린생활시설 의 건부지로 이용 중임.
• 북축 및 남축으로 왕복2차선 및 로폭 약5미터 내외의 아스팔트 포장도로와 각각 접함. |
| 참고사항 | • 1층 50호 인근수와 함께 판매시설로 이용 중으로 별도 확인 요함.
• 지하1층 56호,57호 창고 공실로 이용 중으로 별도 확인요함. |

이의 신청을 하려다 경매가 지연될 것 같아 일단 지켜보기로 했
다. 춘천시청 부근의 [2]번 물건은 1회에서 감정가 대비 106%에 낙
찰되었고 [3]번 군자리 물건은 1회 유찰되어 77%에 낙찰되었다. 하

지만 [1]번 물건은 역시나 3번이나 유찰되어 34% 선까지 떨어졌다. 각기 독립된 점포이니 필요한 사람이 낙찰받을 수 있도록 "구분물건으로 진행해달라"고 해당 경매계에 '이의 신청'을 했다. 하지만 그대로 진행되어 39%에 낙찰되었다. 최악의 경우, 취하하고 일반 매물로 정리하려다 더 이상 신경 쓰기 싫어 내버려두었다. [1]~[3]번 물건을 모두 합산하면 결코 손해는 아니었다. 경매 투자를 하다 보면 가끔 이런 어처구니없는 일이 생긴다. 네이버 밴드에 '정경매'라는 방을 운영하며 꾸준히 글을 올리는 입장이라 좋은 소재가 될 수 있지만, 결코 달가운 일은 아니다.

경매로 팔렸던 물건이 몇 년 후에 또다시 경매로 나오는 경우가 종종 있다. 등기사항전부증명서를 확인하다 보면 사건번호가 기재되어 있어 사설경매 사이트에서 이전기록을 찾아볼 수 있다. 그동안 부동산 가격이 올라서 더 높은 가격에 낙찰되는 경우가 많다. 경만 형님이 말한 놀라운 일이라는 말이 이런 뜻일 것이다. 본인도 일반 매물로 안 팔리면 경매로 처분했는데 "손해 본 적이 거의 없다"고 했다. 일반 매물로 팔면 수익이 더 높겠지만, 때론 상황에 따라 손해를 보더라도 팔아야 할 때가 있다. 사실, 경매 물건 대다수가 좋지 않은 물건들이다. 좋은 물건이 나오면 채권자인 은행에서 우량고객에게 먼저 소개해준다. 아니면 선수들이 달려들어 낚아채기도 하고, 경매 소식을 접한 주변 사람이 사들이는 경우도 있다.

실제로 양평에 사는 지인은 동네 사람의 땅이 경매로 넘어간다는 소문을 듣고 찾아가 근저당 채무를 인수받고 적은 금액으로 매수했다. 1년도 채 안 되어 땅값이 많이 올랐다고 자랑했다. 내가 경매에 입문하기 전의 일이니 꽤 오래되었다. 양평 땅값은 그때에 비해 정말 많이 올랐다. 결국, 권리관계가 복잡해 일반 매물로는 정리할 수 없거나 아무도 거들떠보지 않는 물건만 끝까지 남게 된다. 그러다 보니 유찰이 거듭되어 가격이 많이 떨어진 뒤에야 팔린다.

17. 인생의 터닝포인트

근래엔 자잘한 물건을 피하고 수익이 높은 물건만 찾다 보니 좀 처럼 낙찰을 받지 못했다. 게다가 2016년 6월경, 기준금리가 역대 최저수준인 1.25%로 떨어진 이후에는 입찰할 만한 물건이 더욱 줄 었다. 낮은 금리 때문에 금융비용이 줄어 채무자들이 끝까지 버틸 여력이 생긴 것이다. 빚이 있으면 정리해줘야 하는데 한없이 움켜쥔 다. 낙찰을 못 받은 대신 그동안 취득한 물건을 정리하느라 소송을 하게 되었다. 대부분 토지 분할이나 지상권에 관련된 소송이었다. 금액이 낮다 보니 변호사를 고용할 만한 물건은 아니었다.

가장 골치가 아팠던 것은 열한 명과 청산종결된 법인을 상대로 한 토지사용료 소송이었다. 피고가 많아 송달이 지연되고 사사건건 트집을 잡아 재판마저 늦어졌다. 청산종결된 법인 명의의 부동산은 어떠한 행위도 할 수 없었다. 이럴 때는 청산종결등기를 말소하고 등기기록을 부활시켜야 한다. 단, 등기용지가 폐쇄된 날부터 20년 이 지나지 않아야 한다. 청산종결된 법인은 강제경매까지 진행했지 만, 결과적으로 무잉여로 취하되었다. 그래서 다른 방법을 찾고 있다.

경매를 시작하기 전인 2005년 9월경, 분양받은 호평동의 아파트에 입주해 살다가 2007년 2월에서야 자녀의 방에서 내려다보던 연립이 눈에 확 들어왔다. 그동안 가끔 봐왔지만, 밭 한가운데에 우뚝 서 있는 건물이 이날 따라 유독 눈에 띄었다. '저 밭 한가운데 있는 연립은 주변이 개발되면 오르겠다.' 좁은 흙길로 이어진 연립 주변은 밭과 폐허가 된 가구공장들로 둘러싸여 있었다. '사자'라는 생각에 바로 다음 날 주변 부동산을 들렀다. 이미 개발이 된다는 소문이 돌아 6,000만 원짜리 연립이 1~2개월 만에 1억 원을 준다 해도 매물이 없다는 것이다. 결국, 연립을 포기하고 평내동에 소재한 재건축 아파트를 샀다.

그 당시 직장 근처였던 노원, 하계동과 저울질하다 잘못된 선택을 했다. 평내동 아파트는 집값이 싸지만 전세가가 낮았고, 노원과 하계동은 집값이 비싸도 전세가가 높아 대출금은 비슷했다. 평내동 아파트는 2년 동안 가격이 좀 올랐지만, 재건축이 지연되어 6.5%의 이자를 내느라 팔면서 조금 손해를 봤다. 하지만 노원과 하계동은 정체된 상태였다가 1년도 안 되어 많이 올랐다. 재건축은 생각만큼 진도가 잘 안 나간다. 게다가 추진위원장이 딴마음을 먹으면 얼마든지 장난을 칠 수 있어 불확실성이 너무 크다.

부동산 전문가들은 그때나 지금이나 지방보다는 수도권, 수도권보다는 서울, 서울에서는 강남을 얘기한다. 재건축으로 돈을 벌었다는 소문에 현혹되어 앞을 내다보지 못한 것 같다.

2007타경3769　•의정부지법 본원　•매각기일 : 2008.11.05(水) (10:30)　•경매 6계 (전화:031-828-0326)

소 재 지	경기도 남양주시 호평동 190-2, 은초롱빌라		도로명주소검색					
물건종별	다세대(빌라)	감 정 가	80,000,000원	오늘조회 : 1 2주누적 : 0 2주평균 : 0 조회동향				
				구분	입찰기일	최저매각가격		결과
대 지 권	45.93㎡(13.894평)	최 저 가	(100%) 80,000,000원		2008-04-15	80,000,000원		변경
					2008-06-24	80,000,000원		변경
건물면적	60.15㎡ (18.195평)	보 증 금	(10%) 8,000,000원		2008-10-01	80,000,000원		변경
매각물건	토지 건물 일괄매각	소 유 자	김___ (3회 득자)	1차	2008-11-05	**80,000,000원**		
개시결정	2007-02-08	채 무 자	소___	낙찰 : 180,300,000원 (225.38%)				
사 건 명	강제경매	채 권 자	임___	(입찰4명,낙찰:(주)뉴___)				
				매각결정기일 : 2008.11.12 - 매각허가결정				
				배당기일 : 2010.02.04				
				배당종결 2010.02.04				

사진	건물등기	감정평가서	현황조사서	매각물건명세서	세대열람내역서	기일내역	문건/송달내역
전자지도	전자지적도	로드뷰	온나라지도+				

• **매각물건현황**(감정원 : 의정부감정평가 / 가격시점 : 2007.03.05)

목록	구분	사용승인	면적	이용상태	감정가격	기타
건물	4층중 1층	79.07.19	60.15㎡ (18.2평)	방3화장실1등	비준가격 80,000,000원	• 남동향,계단식 • 도시가스
토지	대지권		748㎡ 중 45.93㎡			
현황 위치	'호평중학교' 북측 인근에 위치, 주변은 단독주택 및 고층아파트, 근린생활시설이 혼재					
참고사항	2008.08.19 15계에서 6계로 이관됨					

경매를 배우다 내가 처음 사고 싶었던 연립은 어떻게 되었나 궁금했다. 그래서 좀 찾아봤더니 한 채가 경매로 나왔는데 입찰할 돈이 없어 지켜만 봤다. 변경을 거듭한 끝에 감정가 대비 225%인 180,300,000원에 낙찰되었다. 역시 감이 올 때 저질러야 한다. 그냥 돈 욕심에 재건축 아파트를 사서 좋은 기회를 놓쳤다. 다른 세대는 모두 이사를 가서 빈집이었고 이 집 주인만 혼자 남아 버티다 경매로 나온 것 같다. 거의 9년 만에 철거되어 지금은 2019년 7월에

입주 예정인 아파트가 올라가고 있다. 애초에 소문이 나기 전부터 시행사에서 매집했을 것이다. 요즘은 알박기에 대한 처벌이 강화되고 있다. 따라서 땅이나 건물을 매입하고 나중에 '부당이득죄'로 소송을 하는 경우도 있다. 그러니 특약에 별도의 조항을 넣어야 한다. 간혹 도로를 사용하는 조건으로 거액의 합의금을 요구할 수도 있다.

"알박기와 관련해 오해하기 쉬운 것 중 하나는 취득한 지 상당 기간이 지난 토지가 우연히 개발예정지역에 포함된 경우에 관한 것이다. 이런 경우에 부동산 소유자는 알박기의 목적으로 토지를 취득한 것이 아니므로 얼마든지 배짱을 부려도 상관없다는 식으로 생각하기 쉬운데, 알박기에 의한 부당이득죄는 부동산취득의 이유나 시기 등과는 상관없이 성립될 수 있다는 점에서 이는 잘못된 생각이다. 즉 처음 토지를 취득할 당시에는 알박기에 관한 아무런 인식이 없었다고 하더라도 토지를 매도하는 과정에서 개발업자의 궁박한 사정을 이용해 현저히 부당한 이득을 취했다면 부당이득죄는 성립하는 것이다."

— 파이낸셜뉴스 "[생활 속 법률이야기] 취득 때 알박기 의도 없어도 현저한 폭리면 부당이득죄" 2004. 05. 16. —

돈 욕심에 시작한 경매이자, 자녀를 해외로 유학 보내던 기러기 아빠가 유행하던 시절에 무능한 아빠가 되기 싫어서 시작한 경매였다. 그런데 내 기대와 달리 자식이 유학은커녕 공부를 안 해서 좀 나태해졌다. 그만큼 돈을 벌겠다는 의욕이 줄어들었다. 게다가 낙찰을 받지 못한 지 3년이 되었지만, 오히려 마음은 더 넉넉해졌다. 돈을 좇는다고 돈이 들어오는 것은 아닌 것 같다. 그동안 수익을 계산해보니 1억 원 이상 벌었다. 덤으로 땅도 여러 곳에 보유하게 되었다.

하지만 은행이자와 세금을 제하면 순이익은 그리 많지 않다.

세금은 입찰할 때부터 양도할 때까지 미리 생각하고 준비해야 하는데 너무 등한시했다. 어쨌든 아무리 자본이 없어도 그렇지, 10년 동안 노력한 결과에 비해 수익이 너무 낮다. 똘똘한 아파트 한 채만 거래해도 이 정도는 벌 수 있다. 실제로 내 주위에 한두 번의 부동산 매매로 나보다 훨씬 더 많은 돈을 번 사람이 있다. 하지만 경매를 안 했다면 편하게 살았을지언정 이 만큼의 돈도 못 벌었다.

경매로 큰돈은 못 만졌지만, 그동안 많은 변화가 생겼다. 처음에 조급하게 시작했던 마음이 이제는 좀 더 넉넉해졌다. 낙찰을 받지 못한 지 3년이나 되었는데 참 이상한 일이다. 돈을 많이 벌어서가 아니라 어느 순간, 마음이 좀 더 여유로워졌다. 그동안 왜 그리 조급하게 살았는지 의아할 정도다. 아등바등 산다고 돈이 더 들어오는 것도 아니고 시간을 더 아낄 수 있는 것도 아니다. 어차피 시간은 누구에게나 똑같이 주어진다. 같은 시간을 쓰더라도 좀 더 하고 싶을 일에 집중하고 마음의 여유를 가지자는 것이다. 여건이 안 되면 노력해서 쟁취할 수밖에 없다.

《바닥부터 시작하는 왕초보 부동산경매》에서 이미 언급했지만, 부동산에서 만난 아주머니 생각이 났다. 재건축 아파트를 사려고 공인중개사 사무실에 찾아갔다 아파트를 팔러온 아주머니와 만났다. 서울에 있는 집을 세주고 남양주시 평내동으로 이사 왔는데 서울 세입자가 이사를 가서 서울로 돌아가며 평내동 집을 팔려고 왔다고 한다. 지금 생각해봐도 탁월한 선택이다. 그동안 서울 집값이 평내동 집값보다 몇 배는 더 올랐다. 반대로 서울의 집을 팔았다면 큰 손해를 봤을 것이다.

"오래전, 직장에 다니는 남편을 설득해 전세 살던 집을 단칸방으로 옮기고 차액으로 전세를 끼고 집을 샀다. 그 집을 기반으로 사고팔아 지금껏 남편이 가져온 돈보다 더 많이 벌었다. 처음에는 남편의 월급으로 이자와 원금을 갚으려고 허리띠를 졸라맸다. 너무 힘들었지만, 점차 요령이 생겨 아예 이자까지 대출을 받았다. 집을 팔 때는 이자를 제하고도 많은 수익을 거둘 수 있었기에 아무런 문제가 없었다. 단칸방으로 옮길 때 남편을 설득하느라 많은 고생을 했는데 이제는 남편이 좋은 집이 없는지 찾으러 다닌다."

나도 여유가 없을 때는 사두었던 땅을 하나씩 팔아 쓸 생각이다. 다만, 환급성이 낮아 쉽게 팔리지 않겠지만, 마음만은 넉넉해졌다. 땅이 안 팔리면 집을 담보로 추가 대출을 받을 생각이다. 여하튼 투자만 하다 보니 예전보다 경제적으로 더 넉넉해진 것은 아니지만, 그렇다고 쪼이지도 않는다. 단지 자동차만 아버지 명의였던 세피아 레오에서 쏘나타를 거쳐 벤츠로 바뀌었다. 세피아 레오는 20년을 탔고 낙찰받은 쏘나타는 5년 정도 타려고 했기에 2015년 12월 9일 잔금을 치른 후 손을 많이 봤다. 그런데 2년도 채 안 되어 급하게 팔고 벤츠 GLC 쿠페를 구입했다.

이게 다 경매비법 경만 형님 때문이다.

2017년 초, 아파트 주차장에서 나오다 연식이 오래된 소형차종인 BMW 120D 범퍼를 살짝 밀었다. 누군가 내 차의 사이드미러를 건드려 살짝 접혀 있어 옆 차가 보이지 않은 데다 컨디션이 안 좋아 평상시보다 회전 반경이 짧았다. 결국, 보험처리를 해주었는데 수리비만 156만 원가량 나왔다. 사실 양쪽 범퍼가 이미 많이 긁혀 있는 상태라 티도 안 났지만, 펜더까지 밀렸다고 한다. 센서와 범퍼 교체비용과 유리막 코팅. 자동차 정비를 하는 친구 두 명에게 물어보니 다들 견적이 과하게 나왔다는 것이다. 하지만 뾰족한 수도 없고 200만 원까지는 할증이 안 되니 처리해줄 수밖에 없었다.

그 뒤로 이왕 타고 다니는 것, 조금 더 좋은 차로 바꾸고 싶었다. 쏘나타는 가끔 손세차도 했는데 500만 원짜리 차량에 세차비 18,000원은 아까웠다. 그리고 지금껏 내가 사고를 낸 것보다 피해를 더 많이 봤다. 세피아 레오 때는 옆을 받히고도 차량가격이 낮아 수리비조차 부족해 대차서비스도 못 받았다. 한동안 경매로 나온 제네시스를 찾아 입찰했다. 몇 번을 떨어지다 이왕 사는 것 2,000만 원대의 중고 외제 차를 눈여겨봤다. 돈이 생길 때마다 입찰했기에 마이너스 통장을 제하고는 수중에 가진 돈이 없었다.

몇 달 뒤 6월경, 인천 피렌체 하우스에 머무는 경만 형님을 찾아가 이런저런 얘기를 나누는데 대뜸,

"나를 만나러 오는 사람 중에 국산 차 타는 사람은 너밖에 없다."

하면서 차부터 바꾸라 한다.

"남자가 보여줄 수 있는 것은 차밖에 없다. 집을 지고 다닐 수는 없잖아. 좋은 차를 타면 열심히 노력하게 되고 돈도 더 번다."

경만 형님은 돈을 더 벌고 싶으면 차부터 바꾸라고 살살 꼬셨다.

1,000만 원짜리 땅을 팔러 가도 벤츠를 타고 가면 대우가 달라진다는 것이다.

"그렇지 않아도 중고로 알아보고 있어요."

내가 씩 웃으며 대답했다.

"야, 새 차를 사야지."

"형님, 차 살 돈이 있으면 경매에 투자해야죠!"

차는 사는 순간부터 감가상각으로 가격이 떨어지니 투자할 대상이 아니었다. 그리고 액면 그대로 그 돈이면 경매에 투자하는 게 더 이득이다.

"아, 돈 필요 없어, 돈 없어도 살 수 있어!"

"정말요?"

경만 형님은 무조건 벤츠를 사라고 한다.

시간을 내서 벤츠 매장을 찾아가 E220d와 E300의 견적을 받아봤다. 그런데 SUV도 타고 싶어 다른 차를 검색하다 뉴 GLC쿠페를 발견했다. 그래서 토요일에 문자를 보냈다.

"형님 저 재용입니다. 형님이 추천한 E클래스 220d나 E300 4륜이 무난하긴 한데 SUV인 뉴GLC 쿠페가 새로 나왔어요. 이율이 6.8%라는데 원금과 이자 상환 시 4%쯤 되네요. 제 물건들은 대부분 건물이 있는 땅이라 대출이 잘 안 되지만, 8,000만 원 정도는 댕길 수 있을 것 같아요. 자금 확보해놓고 기다리는 게 유리하겠죠?"

답신 대신 바로 전화가 왔다.

"벤츠를 꼭 사라는 건 아니다. 매장 가서 커피 한잔 마시고 바람

쐬라는 거다. 다니다 보면 벤츠도 별거 아니라는 걸 알게 될 거다."

"시운전도 해보고 좋은 서비스도 받아보면서 자꾸 고급문화를 접해봐야 돈을 벌 수 있다. 꼭 돈이 있어야 비싼 차를 타는 게 아니다. 벤츠 타는 사람들 대다수는 사기꾼이 많다. 문제는 마인드다. 돈을 벌어서 좋은 차를 타는 게 아니고 좋은 차를 타기 때문에 돈을 버는 거다. 이런 건 사실, 부모님들이 가르쳐줬어야 하는데 우리 부모님들은 그러지 않았다. 그저 형편에 맞게 살라고 가르쳐주셨다. 그러면 평생 그 수준에서 벗어나지 못한다. 결국, 벤츠 같은 차는 못 산다. 자신의 분수에 맞게 살려면 남는 돈으로 차를 사야 하는데 선뜻 벤츠를 살 만한 여유가 있는 사람이 주변에 얼마나 되겠냐? 나는 《지금 당장 롤렉스 시계를 사라》는 책을 감명 깊게 읽었다. 남들이 봤을 때는 허무맹랑하게 들리겠지만 '나는 정말 맞다'고 생각한다. 나도 벤츠를 사고 나서 돈을 더 많이 벌었다. 저자는 자신의 연봉의 3배가 되는 차를 타고, 롤렉스시계도 여러 개 사서 옷에 맞춰 골라서 차고…. 자꾸 자신의 처지에 맞추다 보면 성장할 수 없는 거다. 그 틀을 깨야 한다. 그래야 더 노력하고 발전하는 거다. 정말 중요한 것은 네가 원하는 차를 사는 거다."

"진짜 제 마음에 드는 것은 최하 1억 5,000만 원에서 2억 원이 넘어요."

그렇다. 하남 스타필드에 갔을 때 신형 제네시스도 1억 원을 훌쩍 넘겼고 좋아 보이는 외제 차는 2~3억 원 정도 했다. 그때는 '그림의 떡' 같아 운전석에 앉아볼 엄두도 못 냈다.

"나도 그래. 하지만 지금 사면 다음에 가슴이 뛸 게 줄어들잖아. 그래서 남겨둔 거다. 사람은 가슴이 뛰도록 하루하루를 즐겁게 살아야 한다. 그러니 그 정도 되는 차는 너도 남겨둬라!"

"아들은 스팅어가 더 멋있다고 하던데요."

스팅어가 출시되어 한참 광고를 하고 있을 때라 차를 바꾼다는 말에 아들이 스팅어를 사자고 졸랐다.

"아들이 원하는 건 아들보고 사라고 해야지. 고등학생이던가, 좋게 얘기해야 해! 지금은 살 수 없겠지만, 나중에 성인이 되어…."

"저도 네가 갖고 싶은 건 나중에 네가 사라. 아빠는 아빠가 마음에 드는 것으로 사겠다고 했어요."

"그래, 나 때문에 벤츠 산 사람들 많다. 다들 돈 더 잘 번다."

"네, 형님. 다음에 뵐게요."

바로 《지금 당장 롤렉스 시계를 사라》를 사려고 찾아봤지만, 이미 절판되어 책을 구할 수 없었다. 하지만 중고서적은 여러 개 나와 있었다. 절판된 책의 판매가가 10,800원인데 중고 책은 50,000원이었다. 알라딘에도 마찬가지였다. 중고 책이 더 비싼 것은 별로 없었던 것 같다. 그래서 가까운 도서관을 검색해보니 책이 없어 상호대차 서비스를 신청했다.

다음 날, 아들과 같이 동네에 있는 기아자동차 매장에 들려 스팅어를 보러 갔다. 사람들이 여럿 방문했는데 전부 스팅어에만 관심을 가졌다. 스팅어가 기아 매장에서 제일 멋있는 차임엔 틀림없다. 하지만 군데군데 비어 있는 엔진룸이 좀 빈약해 보였다. 친구가 마석에서 베가모터스라는 수입 차 전문 카센터를 하기에 가끔 수입 차 엔진룸을 볼 기회가 있었다. 수입차 엔진룸은 큼직한 부품들이 꽉 들어차 있다. 구경을 다하고 아들에게 2017년 뉴 GLC 쿠페 사진을 보여주니 마음이 흔들렸다. 벤츠 매장에 같이 가자고 했는데 멀어서 싫다고 한다. 하지만 아들의 마음도 이미 벤츠로 갈아탔다.

도서관에서 책을 빌려《지금 당장 롤렉스 시계를 사라》를 단숨에 읽었다. 책의 저자인 사토 도미오 씨는 "욕망이 있고 꿈이 있으면 그에 걸맞은 사람이 되어 결국 돈을 손에 넣게 된다. 이는 부자가 되고 싶은 사람이 알아야 할 가장 중요한 비밀이다."

'뭔가 먹어볼까'라는 정도가 아닌 '광어회가 먹고 싶어!'라며 먹음 직스러운 광어회를 머릿속에 떠올릴 때 횟집으로 발을 옮기듯, '부자가 되고 싶다'는 가짜 욕망이 아닌 선명한 이미지를 떠올릴 때 비로소 욕망은 사람을 움직이는 강한 힘이 되는 것이다.

중요한 것은 '돈에 의해 손에 들어오는 것'이나 '돈에 의해 가능해지는 것'을 욕망의 잣대로 삼아야 한다. 돈 자체는 교환권일 뿐이다. 돈이 있기 때문에 행복해지는 것이 아니라, 돈을 사용해 원하는 것을 손에 넣었기 때문에 행복해지는 것이다.

이 책의 저자가 주장한 행복은 '하고 싶은 일을 하고 있거나 원하는 것을 손에 넣었을 때 느끼는 만족감'이라 한다. 따라서 이 책은 '돈을 버는 방법이 아닌 돈을 사용하는 방법'에 관한 내용 같다.

스피드광인 저자는 미국의 현지기업에 스카웃되어 갔다가 일본으로 돌아왔을 때 아주 많은 연봉을 받았다고 한다. 주거가 의식에 미치는 영향이 더 크다는 사실을 알게 되었기에 수입의 2/3를 써가며 일류 호텔에서 지냈다고 한다. 물론 독신일 때 얘기다. 여유가 없는 사람에게 빚을 져서라도 호텔에서 생활하라고 권할 생각은 없고 '단지 여유를 부려도 되는 상황에서는 조금 과감해지라'고 한다.

부자들의 돈 쓰는 방법에 대해서는 일류체험을 하고 타인에게 돈을 쓸 때는 결코 보답을 기대해서는 안 된다. 지갑에 평소보다 세 배 정도의 돈을 넣어두어라. 가지고 싶은 것이 있으면 과감하게 돈을 지불하라. 욕망을 누르지 말고 아이의 마음을 잊지 말자. 돈이 없다고 포기하지 않는다. 구체적인 계획은 오히려 나쁘다. 어릴 적 꿈처럼 가슴이 두근거리는 꿈은 황당무계할지라도 합리적 사고에 가둬서는 안 된다. 입 밖으로 내서 말하는 습관이 중요하다.

부호들은 돈을 사용하는 방법을 보고 교제할 가치를 판단한다. 부호가 될 사람들은 부호가 되려는 꿈을 가지고 있는 사람이다. 일류의 매너를 몸에 익혀야 한다. 돈을 부정하지 말고 항상 감사하는 마음을 가져야 한다. 돈이란 어디까지나 교환권이다. 사용되는 일이 본래의 역할이다. 건강보조제로 노화를 늦추고 꾸준히 걷기 운동을 하라고 저자는 주장한다.

책을 읽으며 저자의 주장을 내 나름대로 이해하기 쉬운 방식으로 정리했다. 돈을 버는 방법에 관한 책은 많으나 돈을 쓰는 방법을 알려준 책은 처음인 것 같다.

일본에서 1993~2005년까지 12년간 사업소득으로만 납세액 10위 안에 들었으며 2004년까지 누계 납세액이 173억 엔(1,600억 원)을을 기록한 사람이 있다. 《1퍼센트 부자의 법칙》의 저자로도 알려진 사이토 히토리 씨는 "나는 운이 좋다"고 매일 1,000번을 외치면 정말 운이 좋아진다고 한다. 이와 반대로 이루고자 하는 목표는 입 밖으로 내지 말고 조용히 실행해야 한다고 말하는 사람도 있다. 상반된 주장이지만 분명한 것은 '내가 진짜로 믿고 실천해야 꿈이 이루어진다'는 생각이 든다.

tbs 〈뉴스공장〉의 공장장 김어준 씨의 보스 양복 일화도 이와 비슷하다. 1991년경, 파리에 배낭여행을 갔다가 마음에 드는 양복을 발견하고 후다닥 입어봤는데 가격표에 생각한 금액보다 0이 하나 더 붙어 있었다. 남은 두 달간의 배낭여행과 갖고 싶은 양복을 저울질하다 당장의 행복을 선택한다. 결국, 120만 원짜리 보스 양복을 입고 하룻밤을 노숙하지만, 다음 날부터 호텔 호객꾼을 해 50만 원을 번다. 그 뒤로 체코에 가서 집을 빌려 여행객을 상대로 숙박업을 하며 매일 파티를 하고도 1,000만 원을 벌어 귀국한다.

"이 모든 건 보스를 샀기 때문에 가능했다."

그러면서 그 이후로 지금까지 지키고 있는 삶의 원칙이 있다고 한다.

"당장 행복해져야 된다."

"사람들은 행복이라는 게 마치 적금을 들 수 있고 나중에 인출해서 쓸 수 있는 것처럼 생각해요. 그런 일은 일어나지 않아요. 그때의 행복은 그때, 그 순간이 영원히 사라지는 거예요. 그 나이로 돌아가서 그때 그 행복을 다시 찾을 방법은 이 세상에 존재하지 않아요."

"내가 하고 싶은 걸 찾아야 한다. 누구의 눈치도 보지 말고, 욕망의 주체가 되어야 한다. 지금 당장…."

"너무 짧아요, 인생."

"계획만큼 웃긴 것도 없습니다. 그렇게 될 리가 없어요."

"행복할 때를 찾아 닥치는 대로 사세요."

 김어준 행복은(청춘페스티벌 중 보스 양복 일화)
https://www.youtube.com/watch?v=ZcE5k2TF26k

내가 벤츠 GLC 쿠페를 구입한다고 했더니 주변에서 두 가지 반응으로 나뉘었다.

1. 축하해!

2. 무리하면 안 된다.

모두 나를 염려해서 이런 조언을 해준 것이다. 정말 진심으로 고맙게 생각한다. 하지만 정작 나는 한 단계 성장하기 위한 과정이라고 생각했다. 즉, '한 걸음 더 나아가기 위한 때가 된 것'이라 믿었다. 경매비법 경만 형님은 단지 내가 처한 상황을 냉철히 진단해준 것뿐이다(내 주위에 자수성가한 100억대 자산가는 경만 형님뿐이다. 이제는 내가 벤츠를 탈 만한 여건이 됐다고 생각해 그런 조언을 해준 것이라 여겼다).

처음 집필한 《바닥부터 시작하는 왕초보 부동산 경매》에서 밝혔듯 "세상에 공짜는 없다"는 말을 잊지 않고 있다. 지금껏 공부한 많은 이론이 실제로 맞는지 정말 궁금했다. 애초에 경매로 돈을 벌면 현찰로 차를 바꾸려 했다. 경만 형님도 경매로 번 현금을 가져가 벤츠를 샀다고 한다. 하지만 지나고 보니 벤츠를 사고 나서 돈을 더 잘 벌었다며 벤츠 전도사가 된 것이다. 진작 알았다면 벤츠를 더 빨리 샀을 거라고 한다. 혹자는 이미 "경매 고수가 되었기에 더 잘 번 것 아니냐?"고 말할지 모르지만, 본인은 차를 바꾸고 나서 돈을 더 벌었다고 믿고 있다.

나처럼 봉급생활자가 굳이 벤츠를 탈 필요는 없다. 《자동차와 거짓말》의 저자 오종훈 씨는 "돈이 없어도 차를 살 수 있다는 광고에 현혹되지 말라"고 한다. 자동차 할부는 차와 금융상품 두 개의 상품을 사는 셈이라 그만큼의 가격을 지불한다는 것이다. 차를 탈 수 있어도 차를 사는 것은 아니라는 것이다.

수중에 현금 1,000만 원이 있다고 가정할 경우, 이 책의 출판 당시인 2,470만 원짜리 2014년형 쏘나타를 사는 것과 2007년형 중고 쏘나타를 구입할 경우를 비교해보면,

- 할부로 24개월 동안 매달 70~80만 원을 부담하면 2년 뒤 차 값(감가상각 24%)으로 1,970만 원이 남는다.
- 중고차 구입 시, 매달 70만 원을 저금하면 2년 뒤 차 값(감가상각 24%) 760만 원과 현금 1,700만 원으로 총 2,400만 원이 남는다. 이후에 새 차를 사든지 다시 중고를 타든지 그건 선택의 문제다(차는 카드 일시불로 구입(사용 한도를 한 번만 높여달라고 하면 된다)하는 게 가

장 경제적이다). 벤츠의 경우는 2013년형 C220 CDIAV 구입 시, 현금 일시불이 아닌 유예할부 36개월일 경우 가격이 원금 51,900,000원에서 66,039,320원으로 높아진다고 한다.

오종훈 씨는 자동차 분야의 전문기자라 제법 합리적인 주장을 한다. 반대로 《지금 당장 롤렉스 시계를 사라》의 저자인 사토 도미오 씨는 "원하는 차가 있으면 연봉의 세 배를 주고라도 사라"고 한다. 김어준 씨 또한, 미래의 행복을 위해 보스 양복을 포기했다면 "당장 행복해져야 된다"는 삶의 원칙을 갖지 못했을 것이다. 경만 형님은 "부자가 되려면 나보다 더 부자의 말을 들어야 한다"라며 설사, 부모의 말이라도 나보다 못 한 사람의 말은 들을 필요가 없다고 한다.

결국, "돈을 벌고 싶다면 벤츠를 사라!"는 형님의 조언을 그냥 지나칠 수 없었다. 나보다 부자인 경만 형님의 말이 맞는지 한번 확인해보고 싶었다. 최악의 경우라 해도 내 자식이 보고 배울 것이다. 백마디 말보다 한 번 보는 것이 교육인 것이다.

'성공하면 성공한 대로, 실패하면 실패한 대로 그 가치는 없어지지 않는다'고 믿는다. 정말로 돈을 많이 벌어 더 좋은 차를 사거나 버티지 못해 1~2년 후에 팔게 되더라도 내 아들은 이미 좋은 차를 타봤기에 이것보다 못한 차는 타고 싶지 않을 것이다. 그러니 더욱 더 많은 돈을 벌기 위해 노력할 것이다.

2017년 6월경, 100만 원의 계약금을 내고 5년 할부로 GLC 쿠페를 계약했다. 색상은 전에 타던 세피아 레오와 비슷한 카본사이트

블루로 선택했다. 검정색과 흰색보다 출고가 늦어진다며 8월쯤 출고되니 아예 2018년형으로 주문하겠다고 한다. 연식이 바뀐 신차라 한국에 들어와서도 인증을 새로 받느라 한 달 이상 늦어져 11월 말에야 건네받았다.

강남 전시장 벤츠 출고전

5개월을 기다려 2018년형 벤츠를 구입해서 1년 넘게 탔지만 내 생활이 바뀐 것은 없다. 단지 좋은 차를 집에 두기 아까워 대중교통 대신 벤츠로 출퇴근한다. 확실히 장거리 운전에 따른 피로도가 전보다 덜했다. 그리고 차를 볼 때마다 잘 샀다는 생각을 한다. 구입한 지 1년도 안 되어 친구가 똑같은 차량을 구입하려고 했는데 더 이상 GLC 쿠페 차량은 들어오지 않는다. 정부에서 디젤 차량을 대폭 규제해 인증이 까다로워지자 아예 휘발유 차량만 들여온다는 것이다. 그 바람에 디젤차가 귀해져 중고차 가격이 올랐다고 한다.

처음부터 수익이 바로 나지 않는 토지로 경매를 시작한 것은 장기 투자 개념 때문이었다. 《39세 100억 젊은 부자의 부동산 투자법》

의 저자 이진우 소장님의 강의를 처음 들으며 계획했다. 가령, 1년에 토지를 한 개씩 사들이면 5년 뒤에는 하나씩 팔아도 5년마다 파는 것이니 장기 투자의 개념이라는 것이다. "해마다 땅을 사기 위해서는 더 벌려고 노력하고⋯." 하지만 경만 형님은 불가능한 이론이라고 한다. 해마다 토지를 구입해야 하는데 생활비를 제하고 '해마다 투자할 여력이 생기겠냐?'는 것이다. 즉, '돈이 없을수록 분산 투자 하지 말고 한 곳에 집중하라'는 것이다.

내가 경매를 본격적으로 공부할 무렵, 이진우 소장님은 다단계 마케팅으로 넘어갔다. 한동안 소식을 모르고 지내다 사기죄로 고소되었다는 소문을 접했다. 강의 때마다, "투자와 재테크에 있어서 모든 결과의 책임은 바로 나 자신에게 있다.", "수많은 유혹하는 세력 속에서 닳고 닳아야 합니다. 어리숙해서는 안 됩니다. 돈 된다는 소리를 하루에 수백 명에게 들어야 합니다. 여러 곳을 다니다 보면 돈이 된다는 얘기를 많이 들어요. 판단은 항상 본인이 해야 합니다. 그래야 후회하지 않아요.", "아무도 믿지 마라!"며 본인의 말조차 믿지 말라고 그렇게 강조했는데, 고소한 사람은 강의를 제대로 듣지 않은 모양이다. 경매 강의 중 마인드에 관한 내용만큼은 정말 좋았다. 하지만 말과 행동이 일치하지 않으면 모든 게 말장난일 뿐이다. 어쨌든 경매에 입문하게 해준 분이라 잘되었으면 하는 바람이다.

토지로 돈을 벌지 못해 주택과 연립, 상가, 아파트 등으로 눈을 돌렸다. 시행착오를 겪고 나니 이제는 수익을 남길 만한 물건을 찾는 게 수월해졌다. 하지만 저금리로 인해 마음에 드는 물건은 점점 더 줄었다. 망하는 사람이 많을수록 호황인 시장이 부동산 경매인데 낮은 금리로 불경기에도 잘 버티는 것 같다. 그렇다고 경제가 나빠져 다 망하라고 기도할 수도 없는 노릇이니 때를 기다릴 수밖에 없다.

경매를 시작할 때는 '금융위기'로 나라가 시끄럽더니 이제 건축을 배우려고 눈을 돌리니 각종 규제로 난리가 아니다. 기존 건축업자도 분양을 못 해 손을 놓고 있는 실정이라 새로운 일을 배우기엔 시기가 좋지 않다. 돈에 구애받지 않고 하고 싶은 일을 마음껏 할 수 있을 때까지 돈을 벌고 싶었는데, 이제 그 시간이 언제 올지 모르겠다. 그렇다고 조급하게 굴지는 않을 것이다. 경매를 시작할 때보다 지금이 한결 더 여유로워졌다.

몇 년 전, 경만 형님이 나에게 물었다.

"얼마나 벌고 싶냐?"

"지금의 월급만큼 불로소득이 생기면 글이나 쓰며 살고 싶어요."

내 꿈이 많이 쪼그라들어 아무 생각 없이 대답했다. 게다가 글은 생활의 일부일 따름이다. 시간이 나면 네이버와 문피아, 조아라에 올린 두 권 분량의 장편 웹소설 《날라리 천사와 순진한 악마》를 보강해 제대로 출간하고 싶다.

"신이 너에게 얼마를 줄지 고민해야 된다." 경만 형님은 구체적으로 금액을 제시하라고 한다. "목표는 구체적이고 본인이 납득 가능한 수준으로 해야 한다. 재물의 신이 고민하지 않고 언제든 하사할 수 있도록 말이다."

하지만 사토 도미오 씨의 말처럼 "구체적인 계획은 나쁘다" 하니 너무 세밀하게 짤 필요는 없을 것 같다.

사설이 너무 길어졌다. "지금 당장, 가슴 뛰는 삶을 살 것인가?" 아니면 "좀 더 현실성 있게 계획된 삶을 살 것인가?" 이제는 선택해야 할 때가 온 것 같다. 항상 시작할 때만 열정이 생겼다가 좀 지나면 시들해졌다. 이제는 그 열정조차도 어디론가 숨어버렸다. 그러다 새로운 일에 도전하고 싶은 마음이 생겼다. 건축이라는 일을 벌이고 제대로 수습하면 나름 큰 성취를 이룰 것이다. 아니면 좀 늦더라도 차근차근 단계를 거치면 될 것이다. 분명한 것은 나도 경만 형님처럼 올해부터 내 인생의 터닝포인트를 만들려 한다.

참고로 경만 형님의 터닝포인트는 2012년 말이었다. 내가 《바닥부터 시작하는 왕초보 부동산 경매》를 출간하고 지신에서 처음 만났을 때 이미 100여 건의 물건을 낙찰받아 자산이 10억 원이 넘었을 때라고 한다. 그러니 《부동산 경매 비법》이라는 책을 집필할 수 있었다. 그리고 경매 이전의 수입도 나름 괜찮았는데 내가 잘 몰랐던 것이다. 2009년 4월경 《부동산 경매 비법》을 출간하고 나서 만났으니 벌써 10년이 되었다.

경만 형님은 오토바이 공장에서 일하다 수리점을 차려 월급쟁이보다 몇 배 많은 돈을 벌었다. 하루 4시간 이상을 자본 적이 없을 만큼 열심히 일했다고 한다. 하지만 점차 매출이 줄어 인터넷 판매를 시작했다. 그것도 잠시, 더 이상 진전이 없어 경매계에 뛰어들었다. 경매 투자를 하며 북인사이드라는 출판사를 차렸다 폐업하기도 했고 다른 분야에 손을 대기도 했다.

손대는 것마다 잘 된 것은 아니지만 나름 성공한 투자자였다. 내가 본 경만 형님의 터닝포인트는 31억 원짜리 근린주택을 낙찰받고부터였다. 그전에도 잘나가는 전업 투자자였지만, 스케일이 확 바뀐 것을 느꼈다. 그런 생각이 들어 물어보니 실제로 그렇다고 시인한다. 롤렉스 시계도 그 당시에 백화점에 가서 구입한 것이다.

경만 형님은 2012년 11월, 잠실역(현재는 잠실새내역으로 바뀌었다) 주변의 31억 원짜리 근린주택을 93%에 낙찰받았는데, 주위에 그만 한 물건이 없어 높게 썼다고 한다. 어쨌든 두 명의 경쟁자를 제치고 낙찰받았다.

잔금을 치르고 4억 원을 더 투자해 리모델링을 해서 2층부터 원룸을 들였다. '피렌체 하우스'라는 트레이드마크로 임대사업을 시작하며 고시원 총무 노릇까지 했다. 청소는 물론, 재활용 분리수거도 손수 하며 건물을 관리한 것이다. 여담이지만 충주에 사는 친구도 봉급생활을 하며 원룸을 운영해 부수입을 올리고 있다. 몇년을 운영하다 보니 요령이 생겨 한 채를 더 구입했다. 2015년도까지는 1억 5,000만 원의 자본금만 있으면 대출을 받아 9억 원짜리 원룸을 살 수 있었다.

2011타경 19212 ● 서울동부지방법원 본원 ● 매각기일 : 2012.11.26.(月) (10:00) ● 경매 2계 (전화:02-2204-2406)

소 재 지	서울특별시 송파구 잠실동 18 ~ 도로명주소검색			
물건종별	근린주택	감 정 가	3,174,526,680원	오늘조회: 1 2주누적: 0 2주평균: 0 조회동향
토지면적	240.7㎡(72.812평)	최 저 가	(80%) 2,539,621,000원	
건물면적	654.39㎡(197.953평)	보 증 금	(10%) 253,970,000원	
매각물건	토지·건물 일괄매각	소 유 자	공'	
개시결정	2011-12-19	채 무 자	공□ _	
사 건 명	임의경매	채 권 자	중앙□
관련사건	2011타경20076(중복)			

구분	입찰기일	최저매각가격	결과
1차	2012-07-16	3,174,526,680원	유찰
	2012-08-27	2,539,621,000원	변경
2차	2012-11-26	**2,539,621,000원**	

낙찰 : 2,960,000,000원 (93.24%)

(입찰3명, 낙찰:김경만)

매각결정기일 : 2012.12.03 - 매각허가결정

대금지급기한 : 2013.01.14

대금납부 2013.01.14 / 배당기일 2013.03.08

배당종결 2013.03.08

잠실 피렌체 하우스

그 뒤로 2016년 7월경, 안양역 인근에 또 다른 피렌체 하우스를
준공했다. 이 건물은 옥상에 수영장까지 갖췄지만, 수명은 유독 짧
을 것 같다. 삼덕공원 일대가 도심사업재생 지역으로 지정되어 주변
의 오래된 건물들과 함께 지자체에 수용될 예정이다. 다행히 '소득
신고를 성실히 해서 보상비가 잘 나올 것 같다'고 한다. 만일, 소득
을 낮게 신고해 탈세했다면 손해를 많이 봤을 것이다. 많은 건축업
자들이 크게 성장하지 못한 이유는 '세금을 탈세하다 적발되어 그런
것 같다'고 한다. 탈세하다 걸리면 5년 치 탈루액의 세 배 이하의 벌
금을 내야 하기에 최악의 경우에는 문을 닫을 수 있다. 작은 업체들
은 상대적으로 세무조사를 덜 받지만, 규모가 커질수록 조사받을 확
률이 커진다.

안양 피렌체 하우스

주변에 세무조사를 받은 선배가 있는데 법을 몰라 본의 아니게
탈세로 걸렸다. 통장의 내역 중 소명을 못 한 비용은 모두 탈세로

처리되며 자신의 통장으로 돈을 받아 법인통장에 넣어도 불법이라고 한다. '개인 통장으로 돈이 들어가는 순간 횡령이고 회사로 넣는건 투자로 본다'는 것이다. 따라서 모든 거래는 법인통장으로 해야만 한다. 혹여, 법인 통장번호를 잊어 자신의 통장으로 받았다 법인통장으로 옮기면 큰일 난다. 법을 모른다고 세무서에서 절대 봐주지않는다. 사업을 할 때는 세무사에게만 맡기지 말고 세법도 공부해야한다.

2017년 2월에는 4년 동안 힘들게 다닌 방송통신대학의 영상영화과를 졸업했다. 사실, 방송통신대는 들어가기 쉬워도 졸업은 어려운 학교다. 자신의 꿈을 위해 학교에 다니느라 7억 원 정도는 못 벌었다고 한다. 그러니 4년 안에 졸업할 수밖에는 없는 처절한 이유가있었다.

인천 피렌체 하우스

2017년 6월경에는 인천광역시 효성동에 신축한 피렌체 하우스 공동주택을 분양했다. 공사비는 50억 원대로 다세대 주택 28세대, 오피스텔 7세대를 포함해 총 35세대다. 애초에 건설업에 진출하려고 했던 것은 아닌데, 채권을 회수하기 위해 경매로 넣은 토지를 직접 낙찰받은 게 발단이었다. 낙찰가가 낮으면 채권 회수가 안 되어 거의 제값에 받았고 토지를 팔려 했지만, 사정이 여의치 않아 건축까지 하게 된 것이다.

첫 분양이라 생각지도 못한 추가 공사비 때문에 타고 다니던 차까지 담보로 잡혀 대출받았다고 한다. 건축 시 예상외의 비용으로 10% 정도 여윳돈을 준비해야 할 듯싶다.

도로포장 이후 3년 이내에는 굴착허가를 안 내주는 지자체 조례 때문에 난감한 일도 있었다. 시공사에서 도시가스 공사를 늦게 신청하는 바람에 도로 굴착허가가 안 나 대형 LPG 가스통을 단지 내에 묻기도 했다. 가스통을 밖에 두면 안전문제나 미관상 좋지 않기 때문에 부득불 취한 조치였다. 고생 끝에 모든 세대가 분양되었고 입주세대의 민원으로 도시가스 공사도 앞당겨 잘 마무리되었다. 상하수도와 도시가스 등 공사에 필요한 모든 전반적 사항까지 잘 아우를 수 있는 건축업체의 선정이 중요한 것 같다.

용인 피렌체 하우스

2018년 7월에는 후배와 공동 투자로 용인시의 용천 중학교 앞에 연립 4동을 신축했다. 총 1,100평의 넓은 대지지만 자연녹지 지역이라 건폐율 20%와 용적률 100%를 적용받았다. 가구당 토지 지분이 높아 단지 내에 캠프장과 텃밭까지 만들었다. 하지만 건축비가 늘고 분양시장 침체로 인해 선뜻 계약하는 사람이 없었다. 지방이다 보니 30평대를 2억 원 내외로 분양하기가 쉽지 않은 모양이다. 게다가 뒷동은 공사가 늦어져 2019년 4월에야 마무리되었다. 경만 형님은 "하고 싶은 일을 했기에 후회는 없다"고 한다. 이 고비를 잘 넘기면 또 다른 기회가 찾아올 것 같다(최근에 120조 규모의 SK하이닉스 반도체 클러스트가 인근 원삼면에 조성된다는 뉴스가 있다).

"돈이 적을수록 분산 투자하지 말고 송곳으로 얼음을 뚫듯 한 곳에 집중해라!"

"정말 바쁘게 산다. 좋은 말일까? 토끼는 온종일 먹으러 다니지만 사자는 며칠에 한 번만 먹어도 된다. 그래서 토끼만큼 바쁘지 않다."

경만 형님이 나에게 했던 말이다. 인천의 피렌체 하우스를 분양할 때 건축업에 도전해보라고 권했다. "60평 대지에 연립을 8가구 지으면 한 채당 2,500만 원씩 총 2억 원의 수익이 남는다"고 한다. 자본금은 3억 원 정도는 있어야 하고 나머지는 은행에서 대출받으면 된다. 대략 75% 정도 대출해주는데 사업성이 없으면 아예 대출이 안 된다는 것이다. 그 말에 동요할 수밖에 없는 이유는 나만의 건물을 소유하고 싶은 꿈이 있기 때문이다.

너무 오래전에 읽었던 책이라 제목조차 기억이 나지 않지만, 작은 건물을 사들여 세 채가 되면 다 팔아서 더 큰 건물을 사라고 한다. 또다시 세 채가 되면 모두 팔아서 더 큰 건물을 사고…. 아주 전통적인 방법으로 계속 반복하다 보면 나중엔 부자가 된다는 내용이었다. 자잘한 물건이 모두 정리되면 제대로 된 물건으로 시작해 전통적인 방법을 따를 것이다.

chapter 4
실전 사례

18. 효자동 주택, 단독 낙찰

2008년 초, 《39세 100억, 젊은 부자의 부동산 투자법》의 저자 이진우 소장님의 무료 강의를 듣고 충청남도 소재의 창기리와 낙동리의 농지를 무턱대고 낙찰받았다. 그 뒤로도 한동안 서산과 당진 일대의 물건을 찾아다녔다. 집에서 꽤 멀었지만, 일확천금의 꿈을 품고 다녔기에 힘든 줄 몰랐다. 하지만 거듭된 패찰로 인해 점점 지쳐갔다. 꼭두새벽에 출발하던 초기와 달리 조금씩 늦게 출발해 고속도로에서 1시간 이상 더 지체되었다. 결국, 집에서 가까운 곳으로 눈을 돌렸다. 하지만 호주머니 사정으로 동네 근처가 아닌 강원도의 춘천을 택했다. 춘천은 자가용으로 1시간 10분 정도면 도착할 수 있다. 1,000만 원 미만의 1층 상가를 몇 개 낙찰받고 단독주택에 도전했다. 경매 투자를 하기 전에 집을 담보로 추가 대출을 받아 구입했던 평내동의 재개발 아파트를 팔았기에 가능했다.

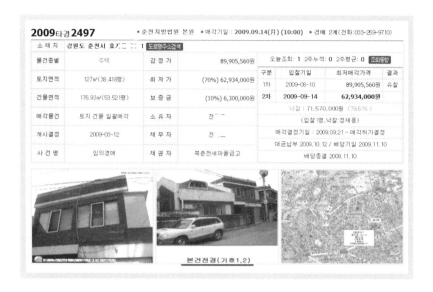

2009타경 2497		● 춘천지방법원 본원 ● 매각기일 : **2009.09.14(月) (10:00)** ● 경매 2계 (전화:033-259-9710)			
소 재 지	강원도 춘천시 효 □ □ 1 도로명주소검색				
물건종별	주택	감 정 가	89,905,560원	오늘조회: 1 2주누적: 0 2주평균: 0 조회동향	

				구분	입찰기일	최저매각가격	결과
토지면적	127㎡(38.418평)	최 저 가	(70%) 62,934,000원	1차	2009-08-10	89,905,560원	유찰
건물면적	176.93㎡(53.521평)	보 증 금	(10%) 6,300,000원	2차	2009-09-14	62,934,000원	
매각물건	토지·건물 일괄매각	소 유 자	전 □	낙찰 : 71,570,000원 (79.61%)			
개시결정	2009-03-12	채 무 자	전 □	(입찰 1명,낙찰:정재용)			
				매각결정기일 : 2009.09.21 - 매각허가결정			
사 건 명	임의경매	채 권 자	북춘천새마을금고	대금납부 2009.10.12 / 배당기일 2009.11.10			
				배당종결 2009.11.10			

본건전경(기호1,2)

춘천에 단독주택이 나와 임장을 가려는데 집사람이 같이 가자고 해서 날짜를 맞추다 보니 입찰일이 며칠 안 남았다. 서둘러 현장을 둘러보니 두 채가 같이 연결되어 있는 형상이다. 사진의 왼쪽 집은 복층인데 폐문부재라 집주인을 못 만났고, 오른쪽 2층에는 임차인 이 살고 있었다.

2층 할머니를 만나 물었다.

"집주인이 집을 사면서 수리를 다 해 손댈 게 없다."

"아래층은 사람이 살았던 적이 있는데 지금은 비어 있다."

셔터가 있어 주차장이라 생각한 곳이 방이었던 것이다. 굉장히 호의적인 분이었지만, 시간이 없어 집 안은 살펴보지 못하고 바로 인근의 부동산을 찾아갔다.

항상 혼자 다니다 처음으로 집사람과 다니니 어색하고 신경 쓸 게 많았다. 다리가 아프다는 둥 뭐가 어떻다는 둥…. 사실, 임장은 여유 있을 때 가서 주변을 다 둘러봐야 한다. 그래도 미심쩍은 게 있으면 몇 번이라도 더 찾아가야 한다. 그런데 집사람이 금방 지쳐서 신경을 안 써준다고 투덜거렸다. 난 혼자 다니는 게 익숙해 빨리 걷기도 하지만, 혼자 생각할 때가 많다. 게다가 다시 확인할 시간이 없기에 서두르다 보니 마음만 급해졌다.

근처 부동산에 들러 "방을 보러 왔다"고 말할 때는 좋은데 그 외에는 집중이 안 되었다. 방 두 개짜리는 전세가 2,500만 원, 세 개짜리는 4,000~5,000만 원 정도 했다. 월세는 1,000만 원 당 10만 원이 좀 안 되었다. 세 군데 정도 들렀는데 마지막 부동산에 가서는 "급매물을 보여달라"고 했다. 수리된 1층 단독주택이 8,500만 원이라 했지만, 골목 맨 끝 집이고 오래된 집이라 마음에 들지 않았다. 다른 집은 8,000만 원까지 해주겠다고 했지만 거의 폐가 수준이라 패스했다. 둘 다 경매 물건보다 땅은 커서 대략 45평 정도 했다. 부동산 실장님과 이런저런 얘기를 하다 보니 대지를 찾는 분들이 의외로 많다고 한다. 오래된 집을 부수고 새로 지으려는 분들도 있다고 하는데 같은 날에 대지도 나왔기에 보러 갔다.

경매 물건은 코너에 있는 53평 대지로 폐가보다 더 컸다. 폐가 수준의 집을 사느니 이런 대지를 사서 신축하는 게 백 번 나을 것 같다. 경매지 사진에 나온 컨테이너는 안 보이고 주변에 펜스를 쳐놨다. 시간이 없어 서두르다가 급매로 보았던 집 근처의 땅값을 안 물어봤다. 그래서 입찰가를 얼마나 써야 할지 좀 난감했다. 둘 다 낙찰받을 수 있을지 모르지만 일단 입찰하기로 했다.

단독 주택은 대지가 38평이라 작아서 고민했지만, 주변 낙찰사례를 보니 거의 80% 수준이었다. 1회 유찰된 입찰가는 6,300만 원인데, 집사람이 매일 헛고생만 하지 말고 많이 쓰라고 부추겼다. 임대만 제대로 나가면 투자금은 1,000~2,000만 원이면 될 것 같았다.

전세(주인집 방 3개+방 2개) 40,000,000+25,000,000원 = 65,000,000원

입찰가 75,000,000원(기타 비용 포함) − 65,000,000원 = 10,000,000원

처음에 주차장으로 생각한 1층 셔터(임차인이 사는 곳 바로 아래층)는 방 개수에서 일단 빼두었다. 또한, 수리비는 많이 들어야 500만 원…. 집주인이 5,000만 원이나 들여 수리했다면 도배와 장판만 교체하면 될 것 같았다.

취·등록세가 추가되니 주택은 72,000,000원, 대지는 62,000,000원 정도의 금액을 책정했다. 대지도 1회 유찰되어 최저입찰가는

52,300,000여만 원 정도였다. 입찰 당일에도 집사람과 춘천법원에 같이 갔는데 '뭔가 잘못됐다'는 생각이 자꾸 들었다. 그래서 '주택을 낮추고 대지를 높일까', '주택만 낮출까', '주택은 놔두고 대지만 낮출까' 계속 고민했다. 결국, 주택은 500여만 원 낮추었다가 다시 올려 적었다.

주택은 입찰가 71,570,000원.

'대지를 찾는 사는 사람은 많지 않겠지. 집을 지으려면 돈을 더 들여야 하니까' 하는 생각에 대지의 입찰가는 58,000,000여만 원으로 낮추었다.

사건번호가 낮은 대지 먼저 입찰자를 호명하는데 기분이 묘했다. 나까지 네 명이 입찰한 것을 알게 된 순간, 떨어졌다는 생각이 먼저 들었다. 아니나 다를까! 60,490,000원에 낙찰되었다.

'처음 생각한 금액으로 쓸 걸….'

그 뒤로 입찰했던 단독주택을 기다리는데 뭔가 기분이 안 좋았다. 역시나 내 이름 뒤에 아무도 없는 단독! 입찰이다. 다른 입찰자가 없으면 사람들이 인정하지 않는 나쁜 물건을 받은 것 같아 괜히 불안해진다.

'장고 끝에 악수' 이 말이 딱 떠올랐다. '630만 원을 날려….' 잔금을 포기해야 하나 고민이 될 정도다. 확신이 없었는지 많이 흔들렸다. 단독으로 높게 쓸수록 더 그런 것 같다.

다음 날, 낙찰받은 집을 찾아갔는데 이날도 집주인이 없었다. "집 문제로 상의를 드리려 하니 연락 부탁드립니다" 하고 대문에 전화번호를 적은 쪽지를 붙였다. 다행히 저녁때 집주인에게 연락이 왔다.

"왜 이런 집을 낙찰받았나요? 비가 새고 엉망이라 부수고 새로 지어야 하는데….."

자세한 말은 기억이 안 나지만, 집주인이 거의 이런 말을 하는 거였다.

"2층 할머니가 수리를 다 했다고 하던데요….."

집주인이 무슨 의도로 말하는지 좀 의심스러워 되물었다.

"수리했지요. 워낙 옛날 집이라 5,000만 원이나 들여 공사했는데, 비가 오면 지하실도 잠기고 벽에 비가 새요. 거기 2층도 비가 새서 이사 가려고 하는데요."

집주인의 대답에 공사비가 예상보다 많이 들어갈 것 같았다.

"불허가 신청하고 싶은데 집을 볼 수 있을까요?"

생각 같아서는 당장 취하하고 싶었다.

집주인과 통화를 마치자마자 '경매꾼' 강의를 해주었던 앤소니 선생님께 바로 전화했다.

"집주인의 말이, 집이 엉망이라는데 불허가 신청은 어떻게 해야 하나요?"

"집주인이 그런 말을 할 까닭이 없는데 액면 그대로 믿지 마라."

선생님의 대답에 다시 물었다.

"선생님도 이런 경우가 있었습니까?"

내가 묻자 이런 적은 없었다고 한다. 지신 카페의 에이스 선생님도 비슷한 말씀을 했는데 조재팔 선생님만 "수억이지!" 한다.

집주인이 승낙했기에 저녁때 부리나케 달려갔다. 집 안을 살펴보니 집주인의 말과 달리 상태가 양호해서 사진만 몇 장 찍고 나왔다. 현관 신발장 부근과 2층 올라가는 계단에 누수로 보이는 얼룩이 졌지만, 방수처리만 하면 괜찮을 것 같았다. 그 외 여러 군데 있는 얼룩도 돈이 들어서 그렇지, 공사하면 해결될 것 같았다.

2층 세입자의 집도 방문해 천장을 살폈다. 2층 천장이 두 군데나 누렇게 떠 있고 거실의 창가에는 곰팡이가 빼곡히 벽을 뒤덮었다.

"단독 집인데 이 정도는 새는 것도 아니지."

할머니가 대수롭지 않게 말했다.

"그런데 왜 이사 가려 하세요?"

"비가 새서 가는 게 아니라 계단이 불편하고 여섯 식구라 집이 좁아 이사 가려 해."

할머니는 다른 사정으로 간다고 했지만, 액면 그대로 믿을 수가 없었다. 두 개의 방 모두 천장에 누수 흔적이 있었다. 하지만 누수보다는 방이나 거실을 점령한 곰팡이가 훨씬 더 심각했다. 특히 거실 쪽 창문 주위는 말도 못 할 정도였다. 그동안 2층 세입자들은 이사를 가고 싶어도 집주인이 보증금을 주지 않아 오도 가도 못했는데 이제 이사를 갈 수 있으니 얼마나 기쁠까! 내가 보기엔 5,000만 원이 아니라 500만 원쯤 들여 수리한 것 같았다. 아니면 공사업자에게 사기당했거나!

그 뒤로 임장은 혼자 다녀야겠다는 생각을 했다. 집사람이 힘들다며 안 챙겨준다고 투덜거리는 바람에 임장에 집중을 못 했다. 게다가 아이가 어려서 학교에서 돌아오기 전에 미리 집에 가야 했기에 시간적 제약도 있었다. 혼자 생각할 시간이 부족했다고 자책했는데 하수였기에 더 그랬던 것 같다.

고심 끝에 '집주인은 낙찰가가 떨어지면 다른 사람을 통해 사고 싶었을 것이고 나는 높게 낙찰받았으니 불허가 신청을 하자'는 생각을 했다. 감정평가서에 복층이라는 말이 없어 꼬투리를 잡아 불허가 신청서를 작성했다. 하지만 경매계장님이 이런 거로는 불허가 결정이 안 난다고 한다. 채무자들이 이의 신청을 하기 때문에 판사님이 허락을 안 해준다는 것이다. 그러니 애초에 불허가 신청을 하지 않도록 임장 때 철저히 조사하는 수밖에 없다. 그래도 꼭 해야 한다면 읍소하는 방법이 대체로 잘 먹힌다고 한다(불허가 신청은 입찰 후 2~3일 이내에, 늦어도 5일 안에 제출해야 한다).

좀 더 생각해보니 문제는 낙찰가였다. '처음에 했던 생각은 떨어지든 말든 입찰가에서 200~300만 원 더 쓰는 것인데 500~600만 원 더 썼다고 불허가 신청을 해야 하나!'

결국, 불허가 신청을 포기했다. 그냥 집으로 돌아오니 집사람이 "불허가 신청을 왜 안 했냐"고 뭐라 한다.

잔금을 납부하고 소유권촉탁신청을 하기 위해 수입증지를 샀다. 등기이전 두 건, 토지 아홉 건 말소, 건물 열 건 말소. 법원 안에 있는 은행에 가서 정말 아무 생각 없이 "14,000원짜리 두 장과 3,000원짜리 열아홉 장 주세요!" 하고 증지를 주문했다. 정액이 아닌 1,000원짜리와 2,000원짜리 그리고 10,000원짜리를 섞어서 주었다. A4 용지에 등록세 영수증과 정액등록세 영수증을 붙이고 바로 옆에 증지를 붙이다 보니 장난이 아니다. 쭈그려 앉아 A4 용지에 억지로 짜 맞추어 한 장에 다 붙였다. 경매계에서 일하는 분이 지나가며 "만 원짜리로 붙이지 그랬어요" 한다. 총 44장을 붙였는데 금액만 맞추면 되는 거였다. 그 뒤로 등기이전 비용은 15,000원으로 올랐고 우표같이 생긴 수입증지도 수입증지 인증으로 바뀌었다. 지금은 붙이는 게 아니라 은행에 납부하고 영수증을 받으면 된다.

잔금을 납부하면 바로 인도명령신청을 해야 한다. 하지만 인도명령신청은 준비를 안 했고, 볼일도 있어 일주일 뒤에 하기로 했다. 그전에 원만히 해결하길 원했는데 지금 생각해보면 너무 여유를 부렸다. 겨울철에는 임대도 잘 안 나가고 수도관 동파 등 여러모로 신경 쓸 게 많아진다. 잔금을 내고 다음 날 채무자 겸 소유자에게 전화해 "잔금을 납부했습니다" 하니 "한번 봅시다"하고는 바로 전화를 끊는다. 다음 날 전화해도 바로 끊어버려서 "집을 비워달라"는 문자를 보냈다.

명도가 길어질 것 같아 인도명령신청과 이전금지가처분을 준비했다. 명도 관련 책을 찾아보니 이전금지가처분은 금액이 적으면 안 해도 된다고 되어 있다. 그래서 인도명령신청서만 준비했다.

준비물
① 신분증, 도장
(대리인 신청 시 : 위임장, 인감증명서)
② 부동산의 표시
③ 매각대금 명세서
④ 송달료, 인지

"위 사건에 관하여 매수인은 2009. 00. 00.에 매각대금을 완납하였는바, 대항력 없는 채무자 겸 전 소유자가 점유 중인 별지 부동산에 대해 귀원 소속 집행관으로 하여금 전 소유자가 위 부동산에 대한 점유를 풀고 이를 매수인에게 인도하도록 하는 명령을 내려주시기 바랍니다."

인도명령 신청비용은 1,000원짜리 인지와 3회분의 송달료가 필요하다. 대략 2만원 미만의 비용이 소요되지만 법무사에게 위임할 경우에는 10만원 이상 든다(경락잔금 대출로 인해 소유권이전등기촉탁을 법무사에게 하는 경우에는 실비만 받기도 한다).

인도명령을 신청하는 날, 전 소유자와 임차인을 만나기로 약속했다. 먼저 임차인을 만나 집 근처 카페에서 차를 마시며 협상했다. 애당초 이사를 가고 싶어 했고, 보증금을 다 받을 수 있어 이사비를 안 주려 했다. 이사비는 보증금을 못 받고 쫓겨나는 임차인을 빨리 내보내기 위해 필요한 것이다.

"할머니가 수리를 다 했다고 해서 수리비 생각 안 하고 높은 가격에 낙찰받았습니다. 그래서 이사비는 드릴 수 없습니다."

"배당금을 다 못 받을 수도 있는데요."

계약 당사자인 할머니의 아들이 이사비를 요구했다. 대충 계산해 보니 내가 더 쓴 금액 때문에 다 받을 수 있었다. 협상 끝에 이사 갈 집을 구할 시간을 달라고 한다. 결국, 11월 말일까지 비워주는 조건으로 일반 이사비로 합의했다. 배당일이 11월 10일이니 배당을 받아야 임차인도 집을 구해서 나갈 수 있다. 11월 말일까지 나가겠다는 명도각서를 받고 명도확인서와 인감증명서를 내주었다. 먼저 낙찰받았던 땅은 명도할 일이 없었고 상가는 재계약을 해서 이리 생초보 티를 내고 있다.

전 소유자도 이삿날을 11월 말일까지로 정해 협상했다. 내가 생각한 이사비보다 더 높이 불러 고민했다. 전 소유자에게 이사비를 줄 필요는 없으나, 어디서 들었는지 이사비 받는 것을 당연시했다. 집을 빨리 비워줘야 보수를 하고 세를 놓을 수 있기에 겨울 전에 공사를 마칠 생각으로 합의했다.

인도명령신청을 하면 뭔가 진행될 줄 알았는데 3주가 넘어 임차인이 배당을 받아갔으니 '인도명령 신청 취하서'를 제출하라는 법원의 연락을 받았다. 임차인은 나중에 배당을 다 받았다. 그래서 다음부터는 배당을 다 못 받을 경우 이사비를 준다는 조건을 걸 생각이다. 인도명령은 빨라도 석 달 이상 걸린다 하니 잔금을 지급하면 바로 인도명령신청을 해야 한다.

정리하면 이렇다.
10월 12일 잔금 납부
10월 19일 인도명령서 신청, 명도 협상(첫 만남)
11월 10일 배당
11일 11일 법원에서 전화(인도명령 취소 요청)
11월 14일 전 소유자 이사
11월 17일 인도명령신청 취하서 제출

11월 23일 임차인 이사

분양받아 입주한 아파트에 추가 담보대출을 받아 분양가보다 대출금이 더 많아졌다. 집값이 오른 덕에 분양받을 때 지불한 돈보다 더 많은 돈을 대출받아 종잣돈으로 쓰게 된 것이다. 지금은 분양가에 그동안 이자 낸 만큼 오른 상태다. 앤소니 선생님도 《집·땅 반값에 줍는 경매 낙찰기》에 경매로 집을 마련하고 임대받은 돈을 종잣돈 삼았다고 했다. 그만큼 내 집이 중요한 것 같다. 아무리 작고 볼품없는 집이라도 내 집에서 사는 사람과 남의 집에서 사는 사람들은 분명히 다를 수밖에 없다. 거주지 주변이 개발되면 집주인은 좋지만, 세입자는 전세금을 올려줄 수밖에 없으니 개발되어도 걱정이다. 이제 집을 한 채 더 마련했으니 빨리 임대 수익을 올려야 했다.

임대를 놓기 위해 기름보일러를 가스보일러로 교체하고 다 썩은 나무 단창을 이중창으로 바꾸려고 샤시 업체를 물색했다. 쇠로 된 대문도 밑바닥이 다 썩어서 주저앉았기에 수리하려다가 아예 교체하기로 마음먹었다. 공사하는 김에 우측 2층 세입자가 살던 창문도 견적을 뽑았다. 또한, 매달 전기세를 합산해 납부하던 세입자 세대의 전기도 분리하기 위해 전기공사를 의뢰했다. 전기계량기는 세대별로 분리가 가능하다.

지하실에 기름보일러가 한 대 있는데 물 보충 설비를 2층 방 안에 만들어놓았다. 그래서 보기 흉한 정도가 아니라 눈에 상당히 거슬렸다. 상향식 가스보일러를 설치하면 자동으로 물이 보충되어 이런 설비가 필요 없다고 한다. 이미 겨울에 접어들 무렵이라 더 늦기 전에 보일러를 교체하고 싶었다. 바로 두 군데에서 견적을 뽑아보니 비슷한 금액이 나왔다. 임차인이 이사한 11월 23일 견적을 의뢰해 12월 8일 보일러 공사 날짜를 잡으며 방수공사 업체도 불렀다.

12월 8일, 약속대로 공사업체에서 도시가스를 연결하기 위해 도면에 나온 가스관을 찾았다. 도면에는 집 앞까지 가스관이 매설된 것으로 나왔지만, 실제로는 수도관만 있어 집 안으로 들어가는 가스관만 공사했다. 보일러 업체에서는 가스관이 연결 안 되면 미리 설치할 수 없다며 바로 철수했다. 이때 복층 주인집과 임차인이 쓰던 2층의 보일러를 철거해갔다. 내 생각엔 중고로 팔거나 부품을 빼서 쓰려는 것 같은데 딱히 거절할 이유가 없었다. 그 뒤로 춘천시청에서 도로굴착 허가를 안 내줘 공사가 무기한 연기되었다. 결국, 가스

공사와 시청에 민원을 넣어 12월 17일 공사 날짜가 잡혔다. 하지만 이미 영하 15도를 넘나들었고 공사 전날에는 낮에도 영하권으로 떨어졌다. 동파방지를 위해 배관의 물을 미리 빼내고 수돗물을 흐르게 해놔야 하는데 제대로 관리를 못 했다.

보일러 업체에서는 그보다 늦은 12월 19일에야 다른 사람을 보내 공사를 시작했는데 갈 수가 없었다. 다음 날 확인하러 갔더니 계약과 달리 용량이 작은 보일러가 달려 있었다. 게다가 임차인이 살던 2층에는 아예 설치가 안 되었다. 계약서를 확인하니 2층 임차인 집에 설치할 작은 보일러를 복층 주인집에 달아놓았다. 그래서 다시 업체에 연락했더니 사람이 없는지 일이 서툰 사람이 왔다. 간신히 주인집에 설치한 보일러를 뜯어 임차인 집에 설치했는데 내부가 얼어 동작이 안 된다. 배관을 녹이고 보일러가 정상 가동되기까지 4일이 소요되었다. 고생은 고생대로 하고 수도배관 녹이는 비용까지 추가로 들었다.

단독주택의 겨울철 공사는 신경 쓸 일이 많고 의외의 변수도 생길 수 있다. 보일러도 먼저 철거하는 바람에 문제가 더 커졌다. 공사업체의 철거요청을 거절했더라면 용량이 다른 보일러를 잘못 달거나 배관이 얼어 골치 썩을 일도 없었다. 게다가 도시가스 공사가 늦어져도 걱정할 필요 없이 기존의 보일러를 켜두면 되었다. 나에게 도움도 안 되는 보일러 업체의 이익을 용인해준 대가로 공사가 많이 지체되고 적잖은 피해를 봤다. 앞으로 공사업체의 이익이 아닌, 내 이익 위주로 모든 변수를 고려해 판단할 것이다.

개별공사는 비용을 절감할 수 있지만, 그만큼 신경을 써야 하니 한 곳에 맡기는 편이 정신건강에 이롭다. 경매 초보자라면 겨울철 공사는 되도록 피하거나 철저히 준비해야 한다. 그리고 이해관계에 따라 채무자나 세입자의 말이 달라질 수 있으니 무조건 믿지 말고 직접 확인해야 한다. 또한, 사람마다 보는 기준이 다르기 때문에 거짓말이 아니라 해도 내 생각과 동떨어질 수 있다.

19. 서부시장 창고

2009년 초, 춘천 물건을 찾던 중 주상복합아파트 상가를 낙찰받았다. 준공 당시에는 상권이 좋았다 하나 지금은 많이 쇠락한 곳이다. 상권이 쇠락한 이유는 경기침체와 미군의 철수, 인근의 재건축으로 주민들은 이주했으나 5년 넘게 개발이 지연된 탓도 있다. 주변의 유동인구는 줄고 건물은 노후되어 침체될 수밖에 없었다. 하지만 1층인 데다 바로 옆이 미군 기지였던 캠프페이지라 앞으로 개발될 공산이 컸다. 낙찰받을 때는 공원과 일부 상업시설이 들어선다는 기사가 있었는데, 최근에는 시민복합공원으로 가닥이 잡혔다.

금액도 그리 크지 않아 길가 쪽 4평은 750여만 원에, 바로 뒤로 붙은 상가는 660여만 원에 낙찰받았다. 경매로 나온 평수는 모두 실평수라 공용 면적이 포함된 분양 면적은 더 크다. 그 뒤로 경매 물건이 더 나와 뒤편의 옆 가게와 지하 1층의 56호와 57호 창고 두 개를 낙찰받았다. 지하 1층 창고는 바로 앞이 주차장이라 짐을 상하차하기에 용이했다. 임차인이 터져 있는 두 개의 창고를 쓰고 있어 수리할 필요 없이 그대로 재계약했다. 재건축은 5년 뒤에 시행되어

1,431세대의 아파트가 들어섰지만, 죽은 상권은 살아나지 못했다. 그 뒤로 임차인이 이사를 가고 2014년 10월경, 그동안 관리가 안 된 탓에 다른 임차인을 받기 위해 간단히 수리하려고 했다.

월급쟁이, **부동산 경매**로 **벤츠** 타다

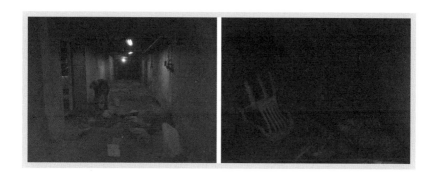

　공사를 맡기려고 불렀던 설비 사장님이 창고를 직접 수리해서 쓰겠다고 한다. 그러니 차일피일 미루다 간신히 구두계약을 한 임차인과 비교할 수밖에 없었다. 낙찰가가 1,700만 원 정도라 수리비 200만 원을 아끼는 것은 큰 이득이다. 게다가 이미 두 번 정도 공사를 맡겼던 설비 사장님이라 더 믿음이 갔다. 그래서 구두계약을 했던 임차인에게 취소하겠다고 전화하니 한걸음에 달려왔다. 이미 창고에 넣을 물건을 가져오는데 계약을 취소하면 쌓아둘 곳이 없어 안 된다고 한다. 구두계약도 계약인지라, 1년을 임대해주기로 하고 계약서를 작성했다.

　1년 뒤, 설비 사장님께 다시 한번 확약받고 임차인에게 계약만료를 알렸다. 임차인이 약속을 지켜 이사까지 갔는데 설비 사장님이 계약금 100만 원을 안 넣어준다. 공사대금을 못 받아서 그렇다며 조금만 기다려달라는 것이다. 사업하는 사람이 100만 원을 마련하지 못할 정도로 상황이 나쁜 줄은 꿈에도 생각지 못했다. 사기 칠 사람은 아니라고 생각해 먼저 창고를 쓰게 해주었다. 하지만 첫 달부터 월세를 안 내더니 급기야 관리비조차 미납했다. 3개월이 지나 관리 사무실에서 연락이 와서 밀린 관리비를 대납하고 임차인에게 청구했다.

결국, 1년 가까이 월세를 거의 못 받아 명도소송을 하겠다고 하니 창고를 비워주겠다고 한다. 월세를 정산하며 일부 감면해주었고 몇 달에 걸쳐 나눠 받기로 해 '채무변제 이행 확인서'를 받았다. 하지만 약속을 안 지켜 지급명령을 신청했다. 사업장은 춘천인데 주소지는 성남으로 되어 있어 송달이 안 되었다. 결국, 공시송달이 가능한 소액재판을 신청했다. 피고가 재판에 참석하지 않아 원고 승소로 판결이 났지만 1년 가까이 해결이 안 되었다. 주소를 모르니 재산명시 신청을 하기도 그렇고 공사대금은 배우자의 통장으로 받았기에 압류가 불가능했다. 본인 재산이 아니면 강제집행을 할 수 없다. 그래서 IMF 이후 영악해진 사람들이 주소지도 옮기지 않고 통장을 배우자의 명의로 돌려놓은 것이다.

궁리 끝에 사기죄로 형사고소를 했다. 대금을 못 받아도 나와 같은 일로 고소장이 계속 접수되면 문제가 될 테니 해결하려 들 것이라 생각했다. 앞서 도로교통방해죄로 고소할 때는 5시가 다 되어 춘천경찰서에 도착했다. 상담을 먼저 받아야 한다고 해서 40여 분 정도 기다렸다가 내 차례가 되니 업무시간이 20여 분 밖에 안 남았다. 그래서 상담하고 급하게 고소장을 썼기에 설명이 부실했다. 이번에는 고소장 표준서식을 다운받아 워드로 작성을 해서 춘천검찰청에 제출했다. 춘천경찰서에 접수할 때는 민원실 상담을 거쳐야 해서 시간이 오래 걸렸지만, 검찰청은 바로 접수를 받는다. 어차피 경찰서에 제출해도 수사 후에는 검찰청으로 넘어가기에 아예 검찰청에 접수하는 게 더 나을 수 있다. 검찰청에 접수하면 사건을 경찰서로 넘겨 조사를 지시한다.

> **형법 제347조(사기)**
> "① 타인을 기망해 재물의 교부를 받거나, 재산상의 이익을 취득한 자는 10년 이하의 징역 또는 2,000만 원 이하의 벌금에 처한다. ② 전항의 방법으로 제삼자로 하여금 재물의 교부를 받게 하거나 재산상의 이익을 취득하게 한 자도 전항의 형과 같다."

사람을 기망해 이익을 취했다는 것을 입증해야 하는데 월세를 내고 싶어도 사정이 생겨 못 내는 것은 사기죄 성립이 안 된다. 전화하면 일하는 중이라 못 받았다는 문자가 나중에 왔다. 간혹 통화도 되니 도망간 것도 아니다. 사기죄의 성립요건은 까다롭기 때문에 적용하기가 쉽지 않다.

고소장에는 인적사항과 고소취지, 범죄사실 그리고 고소 이유를 작성해야 한다. 또한, 그에 따른 증거자료와 관련 사건의 수사 및 재판 여부를 알려야 한다. 고소장의 5번 항목에는 다음과 같이 적었다.

> **고소이유**
>
> 고소인은 피고소인의 부탁으로 소외 임대차 계약 중인 사람을 내보내고 계약을 체결했습니다. 피고소인은 처음부터 보증금은커녕 월세를 내지 않았으며 관리비마저 미납해 고소인이 대납했습니다. 춘천에서 오랫동안 거주하며 '경기도 성남시'로 되어 있는 주소를 이전하지 않아 소액재판 시 송달조차 되지 않았습니다. 이를 미루어 짐작하건대 피고소인은 월세를 낼 형편이 아닌데도 불구하고 자신의 이익을 위해 창고를 임대해 정상적으로 월세를 낼 것처럼 고소인을 기망한 것이므로 사기죄로 처벌해주시기 바랍니다.

결국, 피의자 조사 이후 취하조건으로 일정 금액을 탕감해주고 미납대금을 받았다. 그동안 "월세를 납부하겠다" 하면서도 형편이 어렵다거나 은근히 말을 돌려 "사장님은 ㅇㅇㅇ만 원이 없어도 괜찮지 않냐!"는 식의 말을 들었다. 정말 형편이 어려울 수 있으나, 일부러 쫓아다니며 확인할 수도 없는 노릇이다.

사실, 받을 금액보다 배신감이 더 컸다. 하지만 돌이켜보면 모든 원인은 나에게 있었다. 원칙을 지키지 않고 몇 번 거래했다고 잘 모르는 사람을 맹신한 것은 내 잘못이다. 정말 사정이 생겨서 못 받을 수 있지만, 앞으론 허튼 욕심을 부리지 않고 원칙을 잘 지키기로 했다. 원칙을 지키다 잘못되는 것은 어쩔 수 없다.

이 상가를 소개한 것은 형사고소 때문이 아니라 집합건물의 전유 부분과 공용 부분에 관한 얘기를 하려다 설명이 길어졌다. 2016년 2월 15일, 임차인이 급히 창고를 비운 후 새로운 임차인을 구하지 못했다. 세를 줄 때는 몰랐지만, 천정에서 하얀 가루가 조금씩 떨어지고 두 개의 환기닥트가 공간을 많이 차지했다. 환기닥트의 두께는 400mm였지만 천장에서 닥트 맨 밑까지 거리는 1,100mm였기에 상당히 골칫거리였다. 또한, 직경 130mm의 가스관도 벽면을 지나고 우수관과 오수관까지 있어 전부 없애버리고 싶었다. 그래서 관리사무실을 상대로 공용설비 철거와 함께 그동안의 부당이득금 반환의 소를 제기했다.

집합건물의 소유 및 관리에 관한 법률 (약칭: 집합건물법)

제1장 건물의 구분소유 〈개정 2010.3.31.〉
제2조 3항 "전유 부분"(專有部分)이란 구분소유권의 목적인 건물 부분을 말하며 동법률 2조 4항 "공용 부분"이란 전유부분 외의 건물 부분, 전유부분에 속하지 아니하는 건물의 부속물 및 제3조 제2항 및 제3항에 따라 공용 부분으로 된 부속의 건물을 말한다.
동법 제25조(관리인의 권한과 의무) ①항 1호에 따르면 공용 부분의 보존·관리 및 변경을 위한 행위

관리인은 다음 각호의 행위를 할 권한과 의무를 가진다.
1. 공용 부분의 보존·관리 및 변경을 위한 행위
2. 관리단의 사무 집행을 위한 분담금액과 비용을 각 구분소유자에게 청구·수령하는 행위 및 그 금원을 관리하는 행위

---

3. 관리단의 사업 시행과 관련해 관리단을 대표해서 하는 재판상 또는 재판 외의 행위
4. 그 밖에 규약에 정해진 행위
② 관리인의 대표권은 제한할 수 있다. 다만, 이로써 선의의 제삼자에게 대항할 수 없다
1항에 따라 공용 부분의 보존 관리 및 변경을 위한 행위

민법 제4장 부당이득
제 741조(부당이득의 내용) 법률상 원인 없이 타인의 재산 또는 노무로 인해 이익을 얻고 이로 인해 타인에게 손해를 가한 자는 그 이익을 반환해야 한다.

"그럼 부당이득금 반환청구권에 따른 소멸시효는 얼마나 되나? 민법에 따르면 10년으로 나와 있다. 10년 이내에 채권을 회수하지 못하면 다시 연장하면 된다."

민법 제162조(채권, 재산권의 소멸시효)
① 채권은 10년간 행사하지 아니하면 소멸시효가 완성된다.
② 채권 및 소유권 이외의 재산권은 20년간 행사하지 아니하면 소멸시효가 완성한다.

민법 제165조(판결 등에 의해 확정된 소멸시효)
① 판결에 의해 확정된 채권은 단기의 소멸시효에 해당한 것이라도 그 소멸시효는 10년으로 한다.
② 파산절차에 의해 확정된 채권 및 재판상의 화해, 조정 기타 판결과 동일한 효력이 있는 것에 의해 확정된 채권도 전항과 같다.
③ 전2항의 규정은 판결 확정 당시에 변제기가 도래하지 아니한 채권에 적용하지 아니한다.

민법 제163조에 따르면 다음 각호의 채권은 3년간 행사하지 않으면 소멸시효가 완성된다. 〈개정 1997. 12. 13.〉

1. 이자, 부양료, 급료, 사용료 기타 1년 이내의 기간으로 정한 금전 또는 물건의 지급을 목적으로 한 채권
2. 의사, 조산사, 간호사 및 약사의 치료, 근로 및 조제에 관한 채권
3. 도급받은 자, 기사 기타 공사의 설계 또는 감독에 종사하는 자의 공사에 관한 채권
4. 변호사, 변리사, 공증인, 공인회계사 및 법무사에 대한 직무상 보관한 서류의 반환을 청구하는 채권
5. 변호사, 변리사, 공증인, 공인회계사 및 법무사의 직무에 관한 채권
6. 생산자 및 상인이 판매한 생산물 및 상품의 대가
7. 수공업자 및 제조자의 업무에 관한 채권

민법 제164조에 따른 다음 각호의 채권은 1년간 행사하지 않으면 소멸시효가 완성된다.
1. 여관, 음식점, 대석, 오락장의 숙박료, 음식료, 대석료, 입장료, 소비물의 대가 및 체당금의 채권
2. 의복, 침구, 장구 기타 동산의 사용료의 채권
3. 노역인, 연예인의 임금 및 그에 공급한 물건의 대금채권
4. 학생 및 수업자의 교육, 의식 및 유숙에 관한 교주, 숙주, 교사의 채권

상행위로 인한 채권[상법 제64조(상사시효)]은 본법에 다른 규정이 없는 때는 5년간 행사하지 아니하면 소멸시효가 완성한다. 그러나 다른 법령에 이보다 단기의 시효의 규정이 있는 때에는 그 규정에 의한다.

8개월의 소송 기간 동안, 다섯 차례의 변론기일과 세 차례의 조정기일을 거쳐 공용설비를 철거하지 않는 조건으로 관리비 일부를 탕감받기로 했다(부당이득금은 증명하기 쉽지 않아 취하했다). 나중에 알고

보니 그동안 56호만 관리비를 부과하고 57호는 부과하지 않았기에 실제 금액은 별반 차이가 없었다. 소송 중에 알게 된 사실은 분양하려고 만든 창고가 아니었다. 관리사무실에서 사용했기에 온갖 배관이 다 지나가도 별문제가 없었다. 공사대금을 받지 못한 업체에서 경매로 넣어 제삼자가 낙찰받은 물건이 다시 경매로 나와 내가 낙찰받은 것이다. 소송 전에는 56호와 57호를 터서 같이 사용했는데 56호만 관리비를 부과한 것이다. 나는 임차인이 터져 있는 창고를 같이 사용해서 편의상 56호로 표기한 줄 알았다.

어쨌든 소송 후 300만 원 정도 들여 새로 공사를 하면서 사용하지 않던 환기닥트를 철거하고 천장을 마감해서 짐을 높게 쌓을 수 있게 만들었다. 기존에 터서 쓰던 창고 사이에 경량 칸막이로 문을 만들어 15평인 56호와 10평인 57호로 다시 나눠놓았다. 문을 열어두면 예전처럼 같이 사용할 수 있다.

창고를 수리하고 나서야 임차인이 나타났다. 하지만 10평인 57호는 문도 작아 끝내 임대가 안 되어 관리비만 납부했다. 공사할 때 신경을 못 썼더니 업체 사장님이 기존의 색상인 파란색으로 진하게 칠해놓았다. 미리 알았으면 좀 더 밝은색으로 칠해달라고 했을 것이다. 하얀 가루가 떨어졌던 것은 결로나 누수가 아닌, 예전 임차인이 단무지 공장으로 이용하며 오랫동안 사용한 소금 때문인 것 같았다. 처음엔 누수 때문에 그런 줄 알고 장마철에 확인한다고 여름 이후로 공사를 미루었다. 그러다 소송을 하게 되어 1년 넘게 창고를 비워두었다. 대한법률구조공단을 찾아다니며 물어물어 소송했기에 자잘한 실수가 많았다. 많은 고생을 했는데 이 물건은 내가 낙찰받은 금액보다 낮은 가격에 경매로 팔렸다. 춘천법원에서 지상의 상가까지 세 개를 한데 묶어버리는 바람에 제값을 못 받았다. 어쨌든 자잘한 물건을 모두 정리해야 한 단계 나아갈 수 있기에 취하하지 않았다(16장. 낙찰받은 물건 정리 참조).

그 뒤로 낙찰자에게 인도명령을 신청했다는 연락을 받아 자물쇠 비번을 알려주었다. 관리사무실에 귀띔해, 낙찰자가 찾아오면 번호를 알려주라고 했는데 한 번 더 확인하려는 것 같았다. 비어 있는 창고를 쓰려고 낙찰받았다는데, 단독 입찰이라 걱정하고 있었다. 그래서 "공짜로 쓰게 된 것이나 다름없으니 잘 받았다"고 하자 춘천에 들르면 밥을 산다고 한다.

20. 근화동 연립

2010년 6월경, 근화동에 있는 3층짜리 연립주택을 낙찰받았다. 그 당시, 강원도는 '춘천 G5 프로젝트'인 도시개발계획이 무산되자 세계적 종합테마파크인 레고랜드 유치에 총력을 기울였다. 따라서 춘천역 인근에 나온 매물이 없었다. 돌이켜보면 무분별한 장밋빛 개발계획을 정략적으로 이용한 것 같다.

애초 1층 물건인 2009타경11811에 입찰했으나 총 열다섯 명이 입찰해 감정가 대비 146.35%인 38,050,000원에 낙찰되었다. 나는 거의 꼴찌였기에 2주 뒤에 나온 3층의 2009타경11941 물건을 38,300,000원에 낙찰받았다. 낙찰가격은 앞선 경매 물건과 비슷했지만, 토지 별도등기와 전 소유자의 9,000,000원짜리 근저당이 남아 있어 입찰 인원은 절반으로 줄었다. 가스보일러인 다른 가구들과 달리 이 집만 기름보일러라 감정가격도 좀 낮았다. 따라서 낙찰률은 감정가 대비 153.2%나 되었다. 어쨌든 일곱 명이나 입찰했기에 2등과 큰 차이는 안 났다. 이 물건은 좀 특이한 케이스라 소개한다.

사설경매지에 나온 자료에는 별다른 내용이 없었다. 하지만 매각 물건 명세서에는 친절하게도 토지별도 등기와 전소유자의 근저당권 설정, 채권최고액 금 9,000,000원이 있다. 입찰 며칠 전에 이것을 확인했다. 부랴부랴 폐쇄등기부 등본을 발급받아 확인하니 1983년에 설정된 춘천시의 근저당 9,000,000원이 그대로 남아 있었다. 하

지만 자세히 알아볼 시간이 없어 일단 저질렀다. 그 이유는 다음과
같다.

1) 등기부 등본을 보면 1999년 6월 28일 임의경매로 이미 한 번 낙찰된
적이 있다. 따라서 문제가 있었다면 그 당시 정리되었을 것이다.

2) 근저당 금액을 포함해도 대지지분이 19.45평이라 주변 시세인 평당
200만 원으로 평가해도 손해는 보지 않을 것 같았다(대지지분이 많을수록
좋으나 시세에 꼭 반영되는 것은 아니다).

월급쟁이, **부동산 경매**로 **벤츠** 타다

낙찰받고 춘천세무서를 찾아가니 자기들 소관이 아니라며 춘천시청에 가 보라 한다. 그래서 춘천시청의 지적과와 주택과를 방문했다. 전산 자료로는 확인이 안 되는지 담당자가 캐비닛에서 오래된 서류뭉치를 꺼내왔다. 해결되었으나 말소가 안 된 것이라 알려주었다. 등기촉탁 시 춘천시청의 공문을 등기소로 요청해 근저당 말소신청을 했다. 그 이후에 따로 등기부 등본을 확인하지 않아 매매 시 문제가 되었으나 결국 해결되었다(꼭 확인하는 습관을 가져야 한다)

※ 국민건강보험공단의 압류나 지방자치단체의 세금 체납이나 주차관리과의 압류 등은 해당 소속에서 등기소로 촉탁 서류를 보내주면 압류를 말소할 수 있다(관련 세금만 납부하면 촉탁 비용이나 말소비는 없다).

경락잔금을 납부하면 등기를 안 해도 소유권은 이전된다. 집주인이 이사를 미루어 부동산 인도명령을 신청했다. 부동산 인도촉구 및 강제집행을 예고하는 내용증명을 보내도 소용이 없었다. 집행관이 집 안에 부동산 인도강제집행 예고문을 붙이고 나서야 이사할 말미를 달라고 연락이 왔다. 날짜를 특정한 후 강제집행을 미루고 좀 더 기다려주었다. 결국, 집주인은 약속을 지켰지만, 이사비도 못 받고 초라하게 떠났다.

명도를 하자마자 기름보일러를 철거하고 가스보일러 공사를 위해 업체에 연락했다. 도시가스 공사계약서 견적을 뽑아보니 120만 원이었다. 감정평가서에 가스보일러가 있는 세대가 100만 원 정도 더 비쌌으니 얼추 비슷하다.

배관 공사를 하려는데 공용전기료와 공용수도료를 걷던 연립주택의 반장님이 벌금을 내라고 한다. 가스관 공사에 찬성했다가 이 집만 철회하는 바람에 세대당 공사비가 올랐다며 손실분만큼 비용을 요구했다. 반장님이 지붕 개량 공사를 위해 장기수선충당금을 모으고 있었기에 두말하지 않고 납부했다.

실제로 두 달 뒤에 기존 슬래브 지붕 위에 목재로 틀을 만들어 컬러강판을 덧씌웠다. 그 덕에 슬래브 지붕의 단점인 누수와 기온에 따른 온도 변화가 좀 줄었다. 그래도 꼭대기 층은 여름엔 덥고 겨울엔 춥다. 요즘엔 에어컨이나 보일러를 잘 갖추고 사니 전망이 좋으면 냉난방비를 더 들여도 괜찮을 것 같다.

이 집은 관리가 전혀 안 되어 모든 게 엉망이었다. 특히 베란다는 빗물마저 고여 있어 손볼 곳이 많았다. 집주인에게 아무런 설명도 못 들었기에 잠가둔 보일러 배관을 열었다가 한바탕 소동도 일었다. 아래층인 203호 천정에서 물이 떨어진다고 올라왔는데 나중에 알고 보니 앞 베란다는 방수가 전혀 안 되어 청소하던 물이 아래로 떨어진 것이다. 그것도 모르고 애꿎은 화장실 바닥 공사를 했다. 또한, 아래층에 붙은 옆집인 204호에서도 누수 문제로 올라왔다. 우리 집 화장실 공사 이후로 벽에서 물이 더 흘러내린다는 것이다. 고질적인 문제였는데 전 주인이 해결을 안 해줘 나에게 찾아온 것이다. 그래서 배관업체를 수소문해 공사하려 했지만, 원인을 찾지 못했다. 이것도 나중에 알게 되었지만, 지붕 공사 당시, 옥상 물탱크실 철거로 인한 진동 때문에 누수가 더 심해진 것 같다.

누수를 확인하는 방법은 모든 수도꼭지를 잠그고 계량기 눈금을 보면 된다. 계량기의 작은 눈금이 움직이면 어디에서 물이 새는 것이다. 내가 낙찰받은 집은 303호였는데 문제가 없었다. 오히려 304호에서 미세하게 계량기가 돌아갔다. 문제는 거동을 못 하는 할아버지 한 분만 살고 계셔서 조치할 형편이 아니었다. 가끔 찾아오는 가족이 해결해줄 기미가 없어 조치를 취하지 못했다.

이 연립주택은 4년간 월세를 받다가 임차인이 급히 나가는 바람에 매물로 내놓았다. 낡은 집이라 잘 팔리지 않아 아예 수리해서 팔려고 화장실 천장까지 뜯었다가 물이 새는 곳을 찾았다. 천장을 지나가는 공용배관이었는데 이곳에서 흐른 물이 아래층 204호 천장을 타고 들어간 것이다. 배관공에게 손을 봐달라고 하니 추가 비용을 요구했다. 금액도 좀 비싸게 불러 204호에 청구하려다 떠나는 마당에 인심 한 번 썼다. 어쨌든 낙찰 후에 몇 차례의 자잘한 공사까지 1,500만 원 정도 더 투자했지만, 수익은 나쁘지 않았다.

매매 시, 공인중개사로부터 "등기부를 확인했냐?"는 전화를 받았다. "토지에 관한 별도등기"가 있다며 이걸 해결해야 매매를 할 수 있다고 한다. 나는 잔금을 치르고 부동산소유권이전등기 촉탁 시 이미 신청했기에 잊고 있었다. 바로 등기소에 연락하니 부동산에서 왔다 갔다며 그 내용을 알고 있었다. 그러면서 등기 후 5년이 안 되었는지 묻는다. 법적으로 5년 미만인 것은 자료도 보관하고 직권말소도 가능한 모양이다.

등기소에서 제시한 해결방법은 세 가지였는데 시청에서 서류를 발급받는 것, 새로 등기신청을 하는 것, 직권말소를 하는 것이라 한다. 사실 앞에 두 가지는 못 알아들었다. 뭐라 했는데 생소해서 기억이 나질 않았다. 바로 적어놓을 걸 그랬다. 어쨌든 직권말소를 할 수 있는지 알아보고 처리하겠다고 한다. 사실 토지등기는 춘천시의 근저당을 없애면서 같이 해결했어야 했다.

폐쇄 토지등기부, 폐쇄 건물등기부, 토지등기부 세 부를 떼어 등기소에 접수했다. 폐쇄등기부에는 수정이 안 되었지만, 토지등기부에는 춘천시의 근저당이 말소되어 있었다. 내 기억으로는 소유권이전촉탁신청 시 근저당과 토지등기를 같이 신청한 것 같은데 따로 확인하지는 않았다. 다행히 소유권이전등기신청 서류의 보존 기간이 5년이라 토지별도 등기를 직권으로 말소해준 것 같다.

				(대지권의 목적인 토지의 표시)	
표시번호	소 재 지 번	지 목	면 적	등기원인 및 기타사항	
1 (전 1)	1. 강원도 춘천시 근화동	대	1543㎡	1986년6월19일	
2 (전 2)				~~1 토지에 관하여 별도등기~~ ~~있음~~ ~~1986년6월19일~~	
				부동산등기법 제177조의 6 제1항의 규정에 의하여 1번 내지 2번 등기를 1999년 07월 12일 전산이기	
3				2번 별도등기 말소	

[인터넷 발급] 문서 하단의 바코드를 스캐너로 확인하거나, 인터넷등기소(http://www.iros.go.kr)의 발급확인 메뉴에서 발급확인번호를 입력하여 위·변조 여부를 확인할 수 있습니다. 발급확인번호를 통한 확인은 발행일부터 3개월까지 5회에 한하여 가능합니다.

표시번호	소 재 지 번	지 목	면 적	등기원인 및 기타사항
				2014년7월9일 등기

등기사항전부증명서

말소된 내용을 확인하기 위해 최근에 등기사항전부증명서를 발급받았다. 매매하기 전인 2014년 7월 9일, '토지에 관해 별도등기 있음'이 말소되었다.

등기사항전부증명서(등기부등본)를 다시 확인해보니 내가 이 물건을 2010년 6월 21일 경락받아 6월 28일 잔금을 납부해 소유권을 이전했다. 여러 차례 손을 보고 4년 뒤인 2014년 7월 18일 78,700,000원에 매도했다. 그 뒤로 2017년 1월 26일 107,000,000원에 매매되어 소유권이 바뀌었다. 내가 4년 동안 고생해서 얻은 이익보다 나에게 매수해서 2년 반 만에 되판 사람의 이익이 훨씬 더 크다. 그래서 좋은 물건은 단기 투자보다 장기 투자로 오래 갖고 가거나 팔지 않는 게 맞는 것 같다. 그 당시 자본이 없어 다른 물건을 낙찰받으려면 팔 수밖에 없었다.

물론, 자본금이 많다고 수익률이 더 높아지는 것은 아니다. 경만 형님도 한때 공동 투자자를 모집해 자금을 많이 확보하고도 수익을 올리지 못한 적이 있다고 한다. 투자금을 아무리 많이 모아도 매수할 만한 물건이 없거나 매도 시기를 맞추지 못하면 손해를 볼 수 있다. 여러 사람이 투자한 공동 물건의 경우에는 정해놓은 매도기한을 바꾸기 쉽지 않다. 매도기한이 지나도 팔리지 않는 물건은 본인이 떠안아 처리했다고 한다. 나의 경우에는 투자자를 모집하게 되면 원금과 은행 이자만큼은 보장해주려 했다. 하지만 이런 계약은 유사수신 행위라 불법이라 한다. 따라서 공동 투자는 수익과 위험을 같이 부담할 수밖에 없다. 그러니 모든 투자는 본인의 책임이 크므로 신중히 결정해야 한다.

21. 도봉동 재건축 아파트

재건축 아파트는 두 번이나 투자에 실패했다. 남들은 재건축으로 돈을 많이 벌었다는데, 나처럼 실패한 사람은 소문을 내지 않는 모양이다. 그래도 찾아보면 주변에 재건축으로 손해 본 사람들이 의외로 많다. 가장 흔한 문제는 조합장의 뇌물수수나 횡령, 조합의 난립이나 각종 소송으로 지연되는 경우다. 친인척 명의로 공사업체를 만들어 일감을 몰아주는 정도가 아니라 공사대금을 부풀려줘도 불법을 증명하기가 쉽지 않다. 뻔한 수법임에도 정황만으로는 업무상 배임죄를 물을 수 없다. 그런데도 심심치 않게 재건축 비리가 신문지면을 장식한다. 그렇다고 조합원이 직접 불법적인 일을 감시하기도 쉽지 않다. 직장이나 여러 사정으로 대부분 남에게 자신의 재산을 맡기고 운이 따르면 약간의 이익에 편승하게 된다.

나의 경우는 경매를 시작하기 전에 집 주변 재건축 아파트에 투자했다가 은행 이자 밖에 못 건지고 팔았다. 무슨 이유로 조합장을 그리 신뢰하는지 뻔한 거짓말에도 쉽게 동조하는 사람이 많았다. 시공사를 선정할 때는 도급순위와 조건을 까다롭게 만들어 입찰을 무산시키고 재입찰 시에는 일부 시공사에게 유리하도록 조건을 변경했다. 이미 예상했던 회사가 선정되었고 조합원 총회에서는 평당 공사단가를 내게 알려준 금액보다 적게 발표했다. 옆 사람이 정확한 금액을 확인한다고 물어봤지만, 시치미를 떼서 급히 아파트를 팔아치웠다.

그 이후로 10년이 다 돼서야 이주를 하는 등 재건축이 조금씩 속도를 내고 있다. 시공사도 도급순위가 더 낮은 업체로 다시 바뀌었다. 그 당시 6.7%의 은행 이자와 양도세를 납부하는 바람에 세금을 낸 만큼 손해를 봤다. 매도한 해에 최고점을 찍은 뒤 바로 하락했는데 지금까지 거의 변동이 없다. 그러니 팔지 않고 미적댔다면 돈이 묶여 기회비용을 포함해 더 많은 손해를 봤을 것이다. 재건축이 잘 끝나면 제대로 평가받겠지만, 변두리 지역의 한계라 생각한다.

재건축 아파트의 문제점은 불확실성과 보유 기간 동안 수익성이 떨어지는 것이다. 물론 서울의 강남권은 좀 다를 수 있다. 어쨌든 한동안 신문지상을 오르내리던 재건축 대신 리모델링 완화 소식에 한 번 더 서울에 투자했다. 사실, 신중했어야 했는데 지인의 부탁으로 북부지원에 대리입찰 가는 길에 낙찰받았다. 물론, 하자 있는 물건은 절대 아니다. 대략 감정가의 70% 정도에 낙찰받았는데 매매가가 떨어지던 시기였다. 그래도 시세보다 20% 정도 저렴하게 받았다. 하지만 임대를 해도 대출금이 많아 이자를 내다 보니 손해를 봤다. 만약 개인이 아니라 법인이라면 대출이자를 비용으로 처리할 수 있기 때문에 손해는 안 봤을 것이다.

2011타경7239 •서울북부지방법원 본원 •매각기일 : 2011.12.26(月) (10:00) •경매 3계 (전화:02-910-3673)

소재지	서울특별시 도봉구 도봉동 595, 럭키아파트 [도로명주소검색]					
물건종별	아파트(32평형)	감 정 가	360,000,000원	오늘조회: 1 2주누적: 0 2주평균: 0 [조회동향]		
				구분	입찰기일	최저매각가격	결과
대 지 권	43.8㎡(13.25평)	최 저 가	(64%) 230,400,000원	1차	2011-10-24	360,000,000원	유찰
				2차	2011-11-21	288,000,000원	유찰
건물면적	84.86㎡(25.67평)	보 증 금	(10%) 23,040,000원	3차	2011-12-26	230,400,000원	
매각물건	토지·건물 일괄매각	소 유 자	빅	낙찰 : 253,000,000원 (70.28%)		
				(입찰4명,낙찰:정재용)		
개시결정	2011-04-28	채 무 자	백	매각결정기일 : 2012.01.02 - 매각허가결정		
				대금지급기한 : 2012.02.09		
사 건 명	임의경매	채 권 자	아	대금납부 2012.02.09 / 배당기일 2012.03.06		
				배당종결 2012.03.06		

재건축 아파트는 낡은 만큼 임대료가 낮기 때문에 그 차액만큼 더 많은 비용이 발생한다. 내 자본으로 투자하면 별문제가 없지만, 대출금으로 충당해야 한다면 신중히 처리해야 한다. 아니면 끈기 있게 버티면 나중에 빛을 볼 수도 있다. 감정가가 360,000,000원 이었으나 253,000,000원에 낙찰받아 약간의 수리 후 임대를 놓았 다. 월세로 내놨지만, 임차인을 구할 수 없어 전세로 돌렸고 몇 달 간의 공실로 손해를 봤다. 전세가도 낮은 데다 임대 이후에도 2년 간 집값이 오를 기미를 보이지 않았다. 2년을 더 기다리려다 언제 오를지 몰라 2014년 5월경, 265,000,000원에 팔았다. 마이너스 통 장과 담보대출로 전액을 빌렸고 이자가 높아 대략 2,000만 원 정 도 손해를 봤다. 지금은 팔았던 금액이 전세가가 되었고 실거래가는

350,000,000원까지 회복되었다. 앞일은 아무도 모르지만 돌이켜보면 너무 조급하게 팔았다.

이 아파트를 소개하는 이유는 처음으로 원칙을 지키지 않고 낙찰받았기 때문이다. 미리 임장을 하지도 않았고 입찰 당일에야 집을 보러 갔는데 그마저도 늦장을 부려 제대로 확인을 못 했다. 그 당시, 지인의 부탁으로 북부지원에 아파트 두 채를 대리 입찰하러 가는 길이었다. 경매법정에 가면서 용돈을 벌어볼 요량으로 서둘러 물건을 검색했고, 몇 가지 물건 중에 2회 유찰된 것들을 찾아 대략 70% 선에서 입찰가를 정했다.

아파트는 단독주택과 달리 구조가 똑같고 시세가 정해져 있어 '권리분석만 잘하면 된다'고 생각했다. 또한, 주변 시세보다 무조건 싸면 쉽게 매도할 줄 알았다. 하지만 하락장에서는 아무리 싸도 매매가 안 된다(급매물보다 많이 싸면 팔릴지 모르나, 일반적으로 더 떨어지길 기다린다). 가장 큰 실수는 주변 환경이나 그 지역을 분석해야 하는데 너무 안일했다. 모르는 지역에 투자할 때는 발품을 많이 팔아야 한다. 원칙을 지켜야 한다는 사실을 새삼 일깨워준 물건이다.

지인 또한, 두 건의 물건이 모두 낙찰되어 애를 먹었다. 애초에 한 건 정도 낙찰되거나, 아예 안 될 줄 알았기에 대출받을 때 애를 먹었다. 게다가 한 건은 양아치 같은 임차인이 이사비를 받고도 명도를 안 해줘 몇 달을 고생했다. 이사비를 주는 이유는 인도명령 절차를 없애 시간과 비용을 상쇄하려는 것이다. 그러니 이사비는 반드시 이사하는 당일에 확인하고 줘야 한다. 미리 받고 온갖 핑계로 나

자빠지면 아주 피곤하다.

그 당시 인터넷 검색 등을 통해 명도각서를 만들었다. 배당신청을 한 임차인이 계약금이 없다 해서 먼저 각서를 받고 이사비를 내주었다. 나의 경우는 다행히 약속을 지켰기에 별 탈이 없었다. 각서는 개인과 개인 간에 어떤 약속을 지키겠다는 내용을 적은 문서로, 법적인 효력이 있다. 다만, 민법 103조(반사회질서의 법률행위) 선량한 풍속 기타 사회질서에 위반한 내용이나 104조(불공정한 법률행위) 현저하게 공정성을 잃은 경우는 인정되지 않는다.

명도 이후에 인테리어 공사를 할 것인지 많은 고민을 했다. 아무래도 공사를 하면 임대야 잘 나가겠지만 임대나 매매 시 더 많은 돈을 받을 수 있는 것은 아니다. 그렇다고 공사를 안 하면 오래된 집을 누가 마음에 들어 하겠는가. 낙찰받고 집을 방문했을 때는 크게 손볼 곳이 없는 듯했다. 하지만 이사를 가고 난 빈집은 왜 이리 지저분해 보이는지…. 참 희한했다. 결국, 비용을 절약하는 쪽으로 선회했다. 베란다에 페인트를 칠하거나 전등을 교체하는 등 몇 가지 작업을 직접 했다. 지나고 나니 손을 안 댈 만한 새 건물을 낙찰받든가, 아니면 아예 허름한 물건이나 공사를 하고도 남을 만큼 싸게 낙찰받는 것이 좋을 것 같다.

22. 산양리 지분 땅

경매를 시작할 때부터 고수익을 올릴 수 있는 특수 물건을 계속 찾았다. 하지만 내 조건에 맞는 물건을 찾는 일도 그리 녹록지 않다. 그 와중에 화천에 나온 8필지가 눈에 띄었다. 지상에 건물이 있지만, 건물은 제외하고 토지만 1/3지분으로 652평이 나왔다. 이곳은 건물주와 토지주가 달라 낮은 가격에 낙찰받아서 토지를 분할해 건물주에게 매도하면 된다. 가급적 건물주에게 매도하고 그도 안 되면 토지사용료라도 받으면 된다. 토지사용료를 못 받으면 건물을 압류해서 경매로 넣으면 된다. '건물을 싸게 사면 그만큼 싸게 팔 수 있으니 충분히 매도할 수 있지 않을까?' 하는 생각이었다.

법정지상권은 동일인의 소유였던 건물과 토지의 소유권이 각기 바뀌는 경우에도 법률의 규정에 의해 당연히 인정되는 지상권이다. 지상권이 있으면 건물 소유자는 건물의 소유를 위해 토지를 계속 이용할 수 있다. 또한, 건물을 이용하는 데 있어 그 건물의 대지뿐 아니라 건물을 사용하는 데 필요한 범위 내의 모든 부분(대법원 1977.7.26. 선고77다 921 판결, 부당이득금반환)까지 포함한다. 따라서 토지 소유자는 건물이 존속하는 동안 토지사용의 제약을 받으므로 자산 가치가 떨어진다. 하지만 토지를 무상으로 사용할 수는 없고 토지사용료를 내야 한다.

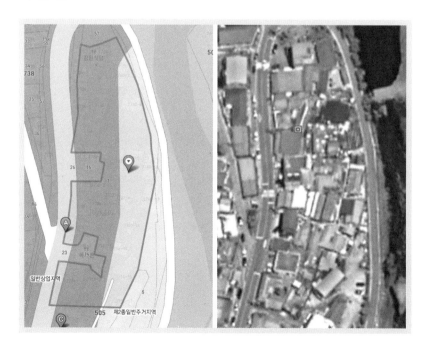

토지사용료인 지료는 당사자 간의 합의에 의하거나 소송에 따른 판결로 결정된다. 보통 감정가의 2~7% 선인데 요즘은 저금리로 인해 낮게 책정되는 경우가 많다. 참고로 한국감정원에서 주관하는 토지보상평가지침 별표 7의2를 소개한다.

<별표 7의2> <신설 2003.2.14>

<제49조제4항 관련>

토 지 용 도		실제이용상황		
		최유효이용	임시적이용	나 지
상업용지	업무·판매시설 등	7 ~ 10%	3 ~ 6%	3 ~ 4%
	근린생활시설(주택·상가겸용포함)	5 ~ 8%	2 ~ 5%	2 ~ 3%
주거용지	아파트·연립주택·다세대주택	4 ~ 7%	2 ~ 4%	1 ~ 2%
	다중주택·다가구주택	3 ~ 6%	2 ~ 3%	1 ~ 2%
	일반단독주택	3 ~ 5%	1 ~ 3%	1 ~ 2%
공업용지	아파트형 공장	4 ~ 7%	2 ~ 4%	1 ~ 2%
	기타 공장	3 ~ 5%	1 ~ 3%	1 ~ 2%
농지	경작여건이 좋고 수익성이 있는 순수농경지	3 ~ 4%	-	-
	도시근교 및 기타 농경지	2%이내	-	-
임지	조림지·유실수단지·죽림지	1.5%이내	-	-
	자연림지	1%이내	-	-

주) 1. 이 표는 토지용도 및 실제이용상황에 따른 일반적인 기대이율의 범위를 정한 것이므로 실제 적용시에는 지역여건이나 당해토지의 상황 등을 고려하여 그 율을 증·감 조정할 수 있다.
2. 토지용도는 당해토지의 최유효이용을 기준으로 분류된 것이므로, 당해토지가 최유효이용 외의 다른 용도로 이용되고 있는 경우로서 가격시점 당시의 이용상황이 임시적인 것이 아닌 경우에는 가격시점 당시의 현실적인 이용상황을 기준으로 토지용도를 분류하되, 최유효이용률을 적용한다.
3. 실제이용상황에서 "임시적 이용"은 최유효이용과 유사한 용도로 이용되고 있으나 현재의 이용방법이 임시적인 것을 말한다.

만일, 건물주가 2년간 토지사용료를 납부하지 않으면 토지주는 지상권의 소멸을 청구할 수 있다. 반대로 지상권의 존속기간이 끝나 지상권이 소멸할 경우, 지상권자는 계약의 갱신을 청구할 수 있다. 토지 소유자가 거절할 경우에는 지상물의 매수를 청구할 수 있다. 지상권의 존속 기간은 민법 제280조에 의하면 최소 5년부터 최장 30년이다. 따라서 토지만 나온 경우에는 법정지상권의 성립 여부를 확인할 필요가 있다. 민법 중 지상권 부분을 찾아보면 다음과 같다.

민법 제280조 (존속기간을 약정한 지상권)

①계약으로 지상권의 존속기간을 정하는 경우에는 그 기간은 다음 연한보다 단축하지 못한다.

1. 석조, 석회조, 연와조 또는 이와 유사한 견고한 건물이나 수목의 소유를 목적으로 하는 때는 30년
2. 전호 이외의 건물의 소유를 목적으로 하는 때는 15년
3. 건물 이외의 공작물의 소유를 목적으로 하는 때는 5년

②전항의 기간보다 단축한 기간을 정한 때는 전항의 기간까지 연장한다.

민법 제281조 (존속기간을 약정하지 아니한 지상권)

① 계약으로 지상권의 존속기간을 정하지 않은 때는 그 기간은 전조의 최단존속 기간으로 한다.

② 지상권설정 당시에 공작물의 종류와 구조를 정하지 않은 때는 지상권은 전조제2호의 건물의 소유를 목적으로 한 것으로 본다.

제283조 (지상권자의 갱신청구권, 매수청구권)

① 지상권이 소멸한 경우에 건물 기타 공작물이나 수목이 현존한 때는 지상권자

는 계약의 갱신을 청구할 수 있다.
② 지상권설정자가 계약의 갱신을 원하지 아니하는 때에는 지상권자는 상당한 가액으로 전항의 공작물이나 수목의 매수를 청구할 수 있다.

제284조 (갱신과 존속기간)

당사자가 계약을 갱신하는 경우에는 지상권의 존속기간은 갱신한 날로부터 제280조의 최단존속 기간보다 단축하지 못한다. 그러나 당사자는 이보다 장기의 기간을 정할 수 있다.

제285조 (수거의무, 매수청구권)

① 지상권이 소멸한 때는 지상권자는 건물 기타 공작물이나 수목을 수거해 토지를 원상에 회복해야 한다.
② 전항의 경우에 지상권설정자가 상당한 가액을 제공해 그 공작물이나 수목의 매수를 청구한 때는 지상권자는 정당한 이유 없이 이를 거절하지 못한다.

제286조 (지료증감청구권)

지료가 토지에 관한 조세 기타 부담의 증감이나 지가의 변동으로 인해 상당하지 아니하게 된 때는 당사자는 그 증감을 청구할 수 있다.

제287조 (지상권소멸 청구권)

지상권자가 2년 이상의 지료를 지급하지 않은 때는 지상권설정자는 지상권의 소멸을 청구할 수 있다.

민법으로도 정해진 법정지상권은 경매로 토지 소유자와 건물 소유자가 달라졌다고 무조건 생기는 것은 아니고 다음과 같은 성립 조건이 필요하다.
1. 토지와 건물 소유자가 동일해야 한다.
2. 토지나 건물의 양쪽 또는 어느 한쪽에 저당권이 설정되어야 한다.
3. 토지의 저당권 설정 당시 건물이 존재해야 한다.
4. 경매로 인해 소유자가 달라져야 한다.

※ 약정 지상권은 등기를 해야 제삼자에게 대항할 수 있다. 등기가 안 되면 당사자 간 거래로 토지주가 바뀔 시 권리를 주장 할 수 없다. 토지임대차계약에 의한 임차권 또한, 일대일 당사자 간 채권 계약이므로 권리가 승계되지 않는다. 그러나 건물임대차계약에 의한 등기 시에는 토지 주인이 바뀌어도 권리가 승계된다(민법 제621조, 제3자에 대해 토지 임대차 효력이 생긴다). 계약 종료 이후 건물 주인은 토지주에게 ① 계약갱신 청구와 ② 지상물매수청구가 가능하다.

저당 잡힌 토지에 건물이 세워졌을 때 토지만 경매로 낙찰받으면 건물은 철거 대상이다. 따라서 고가로 매각될 수 있고 사회경제적으로 유리한 경우에는 건물도 같이 일괄매각 할 수 있다. 이처럼 토지와 건물이 같이 나오기도 경우를 일괄 경매라 한다.

2014년 11월, 눈여겨보던 화천의 산양리 지분 땅을 두 번의 유찰 끝에 55%에 낙찰받았다. 이보다 앞서 홍천에도 연립건물이 있는 토지만 나온 물건이 있어 관심을 가졌다. 두 번의 유찰 끝에 입찰하려 했지만, 돈이 묶여 지켜만 봤다. 그 이후 여섯 명이 입찰해 50.01%에 낙찰되었다. 그래서 한 번 더 유찰되는 것을 기다리려다 과감하게 질렀다. 토지사용료를 받아도 최대 연 10%에서 최하 7%까지 나오기에 최저가에서 1,000만 원을 더 썼다.

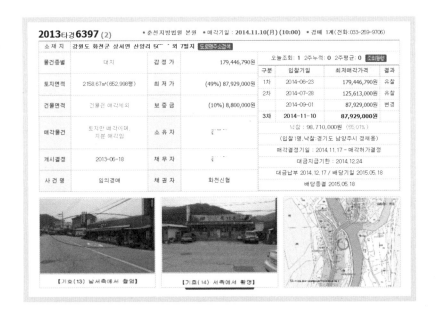

개표에 앞서 입찰자 수를 불러줄 때 단독 입찰인 것을 알고 올려 쓴 것이 못내 아쉬웠다. 낙찰 후 계산해보니 공시지가에 땅을 산 것이다. 어쨌든 감정가는 179,446,790원이지만 건물이 없을 시의 가격은 249,693,520원이다.

지분경매는 은행에서 대출을 받을 수 있지만, 지상에 건물이 있는 토지만 경락 받으면 대출이 안 된다. 게다가 근저당권 설정 등기 시에는 지분권자 모두의 동의가 필요하다. 그래서 다른 부동산을 담보로 대출받고 마이너스 통장도 최대한 활용했다. 대지였기에 다음지도의 로드뷰로 임장을 대신했고, 잔금을 납부하고 등기를 할 때는 3필지가 도로로 분할되어 있어 애를 먹었다.

　낙찰받고 나서 날을 잡아 지분권자를 찾아갔다. 하지만 몇 달 후에나 볼 수 있다 해서 일단 전화번호를 남겼다. 건물 주인을 찾아가니 구매 의사가 있는 사람들은 대부분 공시지가 수준으로 매입하려 했다. 그 뒤로 경매로 낙찰받은 땅을 되사겠다는 이해관계자와 만났다. 종중 땅이지만 개인 명의로 되어 있다가 여러 가지 복잡한 일이 얽힌 모양이다. 구매 의사를 타진하며 우회도로가 생기고 인구도 줄어들어 가격 메리트가 없다고 한다. 일단 마지노선을 정했다.

　처음 입찰 시, 목푯값을 최대 1억 원에서 최소 5,000만 원으로 봤었다. 1~2년에 걸친 긴 작업이 필요할 것 같았기에 바로 판다면 이보다 수익을 낮출 용의는 있었다. 어쨌든 힘들게 작업해 많은 수익을 남길지 아니면 작은 수익을 남기더라도 바로 팔지 사뭇 기대되었다. 협상이 안 되면 9월에 분할소송을 하겠다고 했다. 분할소송으로 1/3 지분이 아닌 온전한 땅으로 1/3씩 나눌 생각이었다. 이 당시는 몰랐고 나중에 알게 되었는데, 여러 명이 공동으로 소유하고 있는 토지 위의 건물은 법정지상권이 성립하지 않는다. 따라서 제값을 안 쳐주면 건물 철거 소송으로 압박할 수 있다.

산양리 토지는 종중에서 전체를 매입하겠다는 김○○ 씨가 계약을 계속 미뤘다. 애초에 종중 땅이라 되산다 했지만 나와 같은 목적으로 되사려 했던 것 같다. 다른 지분권자의 동의를 얻어 건물이 있는 부분을 분할 등기해 매매하거나, 토지사용료를 받으려 했다. 아무래도 전체 토지에 대한 가치보다는 분할된 토지의 가치가 더 클 것이다. 분할로 인한 이득을 보려 했으나 자본이 없어 차일피일 미루다 여러 사람을 끌어들였다. 결국, 계약금까지 주고도 잔금을 치르지 못해 계약을 해지하려는데, 진짜 종중에서 나섰다. 고민 끝에 모든 사람이 피해를 보지 않게 첫 계약을 승계하는 조건으로 팔았다. 낙찰 후 8개월 안에 끝날 줄 알았는데, 결국 19개월 만에 마무리되었다.

사실, 계약을 해지하고 내가 분할작업을 하는 게 더 유리하지만, 여유 자금은커녕 대출마저 받기 힘들었다. 게다가 첫 계약자가 가분할도를 만들고 내 명의로 분할소송까지 진행 중이었다. 분할 이후와 소송까지 고려했을 때 종중의 의견을 수렴하는 게 좋을 것 같았다. 재산이 별로 없는 종중이라 별 재미는 못 봤지만, 좋은 경험을 했다. 만일, 이런 기회가 다시 온다면 직접 작업할 생각이다. 가장 먼저 토지분할소송으로 지분 토지를 정리하면 된다. 그 이후에 측량사무소에 의뢰해 어떻게 분할할 것인지 가분할도를 만든 후, 한국국토정보공사(구 대한지적공사)에 개별 측량을 해서 분할하면 된다.

산양리 물건은 650여 평, 총 11필지로 분할되었고 대지 위에 무허가건물이 대부분인데 일부가 도로와 전으로 되어 있다. 그러니 건축물 대장이 없는 곳은 비사업용 토지로 적용받고 건축물대장이 있는 곳은 일반과세로 적용받을 것 같았다. 하지만 이것도 확실치 않고 너무 복잡해 양도세는 국세청 홈텍스에 세무 상담을 해서 처리했다. 각종 세금에 대해 궁금하면 국세청 홈텍스에 예약해 방문 상담하거나 국세상담센터 126번으로 전화해 문의하면 된다.

23. 초성리 법정지상권

　2015년 초, 오랜만에 공매 물건을 검색하다 경기도 연천의 초성리 물건을 찾았다. 한탄강에서 갈라져 나온 신천 인근의 주택부지였다. 건물은 제외된 채 102평의 대지만 나왔다. 경원선 기차역인 초성리부터 연천까지 전철 연장 사업 기공식이 열린 지 3개월 정도 된 시점이었다. 2019년 말까지 단선으로 개통하지만 앞으로 복선전철을 대비해 노반공사를 진행한다는 것이다. 기존 초성리 기차역은 폐쇄되고 한탄강역 방면으로 1.6km 이전해 새로운 역이 신설된다. 이 물건은 신설 역사에서 반경 500m 이내에 있어 투자 가치가 높았다.

　애초에 자금이 없어 지인에게 입찰을 권유했으나, 투자 여력이 없다 해서 아버지에게 도움을 청했다. 아버지가 통원 치료 중이라 돈을 빌리고 싶지 않았다. 성공한 모습을 보여드리고 싶었지, 돈이나 빌리는 아들로 기억되긴 싫었다. 결과적으로, 아버지의 도움을 받아 잔금을 치르고 산양리 물건을 정리해서 빚을 갚았다.

　토지의 경우는 지진이나 싱크홀이 생기지 않는 한 움직이거나 변동이 없기에 다음 지도의 로드뷰로 먼저 확인하고 현장에 갔다. 로

드뷰 사진과 달리 대문은 없고 담장은 펜스로 되어 있었다. 건축물대장에는 목조주택에 슬레이트 지붕이나, 실제로는 벽돌조에 슬래브 지붕이다. 내부가 목조일 수도 있지만, 불법 개축한 것으로 보였다. 점유자를 만나지는 못했으나, 점유자의 부인을 만날 수 있었다. 토지주인 남편이 건물까지 샀다고 한다. 예전에 강이 넘쳐 집 안까지 물이 들어찼고 지금은 제방 공사를 끝냈다고 한다. 사기를 당해 현 토지주인 주식회사ㅇㅇ종합건설이 남의 손에 넘어갔다는 것이다.

토지와 달리 주택은 원소유자의 이름에서 소유권 이전이 안 된

상태였다. 하지만 토지등기부를 확인하면 1991년, 원소유자의 자녀에게 증여된 것을 1998년, 현 점유자가 매수했다. 그 이후에 2001년 임의경매로 주식회사○○종합건설이 11,200,000원에 낙찰받아 소유권이 넘어갔다.

주택은 등기부가 없지만 건축물대장은 있어 미등기 건물로 추정되었다. 미등기 건물은 원소유자가 소유권보존등기를 하지 않은 것으로 건축물대장(구 가옥대장) 또는 건축허가·건축신고서가 있는 경우다. 하지만 무허가건물은 건축물대장도 없고 무허가 건축물 과세 대장에 기재되어 있는 경우다. 이러한 사항은 구청(군청) 건축과에서 확인하면 된다. 미등기 건물은 채무불이행 시, 강제경매 신청서에 위서류를 첨부해 제출 후 대위에 의한 보존 등기를 거쳐 강제경매를 진행하면 된다.

초성리와 같이 건축물대장에 최초 소유자의 성명만 기재되어 있고 주소가 기재되어 있지 않은 미등기 건물을 매수한 경우에도 복잡하다. 대장상 최초 소유자로 등록되어 있는 자 명의로 소유권보존등기를 대위신청하기 위해서는 지방자치단체를 상대로 확정판결(성명과 주소 등이 기재됨으로써 소유자를 특정할 수 있어야 함) 및 그자의 주소를 증명하는 서면을 제공해야 한다. 다행히 토지대장에는 원소유자의 주민등록번호와 주소가 등재되어 있기에 증명하는 데 큰 어려움은 없어 보였다. 문제는 증여 후 점유자가 매수했으므로 두 단계를 거쳐야 하고, 매매계약서 등 증명할 서류가 없다면 상당히 곤란할 것같았다.

만일, 무허가건축물인 경우에는 무허가건물확인 서라는 민원서류를 발급받 아 소유권을 이전해야 기존 무허가건물 대장에 소유권 이 변경된다고 한다. 그러 나 지방자치 단체에 등록이 안 된 무허가건물은 당사자끼리는 소유권 이전을 할 수 있으나 명의 변경은 못 한다. 재산세를 내는 무허가건물은 전기나 수도, 가스 등 의 명의변경이 가능하지만, 재산세도 내지 않는 경우는 명의변경에 어려움이 있다고 한다. 게다가 무허가건물은 등기가 안 되므로 최종 적으로 철거시켜야 한다. 등기를 하더라도 신축에 버금갈 정도의 절 차와 비용이 소요된다고 한다. 그래서 건물이 있는 토지만 입찰 시 에는 미등기인지 무허가인지 먼저 확인하는 것이 좋을 것 같다(인터 넷 검색결과를 토대로 정리한 것이라 실무는 다를 수 있으니 참고만 하길 바란다).

입찰 전, 다시 한번 인터넷 검색을 해보니 2011년에 하천의 범 람으로 인해 물난리를 겪었고 비교할 만한 매물은 없었다. 부동산 을 검색하니 2014년 11월 이전에는 평당 80~100만 원 정도의 주택 이 여러 채 나왔으나 낙찰 당시에는 자취를 감추었다. 아무래도 전 철이 생긴다는 소식에 매물을 거두어들인 모양이다. 공매였기에 집 에서 입찰하고 결과를 기다렸다. 예전에는 매각허가결정이후 1,000 만 원 미만은 7일 이내, 그 이상은 60일의 잔금 납부기한을 주었는데 2013년부터 3,000만 원 미만은 7일 이내, 그 이상은 30일 이내에 납부해야 한다.

잔금을 납부하고 위택스에서 취득세와 등록세 신고를 하고 연천군청 등기소에 우편으로 등기서류를 보냈다. 며칠 뒤, 연천군청에서 "취득세 산정을 하는데 초성리 땅이 분할되어 있다"는 것이다. 토지대장에는 2005년도에 분할되었는데 분할된 토지등기부가 없었다. 그래서 연천등기소에 전화하니 담당자는 잘 모른다며 자산관리 공사에 연락해보라고 한다. 자산관리 공사에 전화하니 확인 후 전화를 준다고 한다. 바로 자산관리 공사에서 연락이 왔는데 그냥 진행하라고 한다. "등기부 위주로 진행을 하기 때문에 다 끝나고 연천군청에 요청하면 등기부를 만들어준다"는 것이다. 일단 군청 세무과에 전화해서 취득세를 등록해달라고 했다. 한참 후 자산관리공사에서 군청과 통화했는데 등기부를 만드는 데 3~4일 걸리니 등기부를 만들고 나서 등기이전 신청을 해도 된다고 한다. 등기부를 만들고 등기이전 신청을 하겠다고 했다. 대지 19㎡만 따로 분할되었기에 토지이용규제정보서비스(http://luris.molit.go.kr/web/index.jsp)에서 확인해보니 2011년 하천이 범람해 정비하는 과정에서 방수설비 구역으로 분할된 것 같다.

등기를 마치고 연천군청 주택과에 가서 물으니 2006년 5월 이전에 지은 건물은 허가를 다 내줘서 불법은 아니라고 한다. 그 이후에는 신고로 변경되었다고 한다. 세무과에 가서 현 점유자가 주택의 보유세를 냈는지 물었더니 개인정보라며 토지주와 이름이 맞는지조차 가르쳐주지 않았다. 근처 법률구조공단에 들려 지상권에 관해 문의하니 등기부에 기재해야만 된다고 한다. 앞장에서 소개했듯이 건물의 소유를 목적으로 한 토지임대차는 이를 등기하지 않아도 되지만 제삼자에게 효력이 미치지 않는다(단. 건물에 등기 시는 제삼자에게도 효력이 미친다). 따라서 초성리의 경우 법정지상권을 주장할 수 없다. 연천지원은 소액사건만 해당되므로 건물철거 소송 시, 의정부 지원에 접수해야 한다.

낙찰받은 토지를 찾아갔더니 마침 점유자가 집에 있었다. 토지사용료 합의와 관련해서 보낸 우편물은 집사람이 바로 찢어서 못 봤다고 한다. 현 점유자와 토지사용료를 합의하려는데 사기를 당해 돈이 없어 "연 150만 원 밖에 못 준다"고 한다. 150만 원이면 은행 이자도 안 나온다. 지료를 더 받으려 했지만 여의치가 않았다. 돈은 둘째 치고 2019년도에 전철이 생긴 후가 더 문제다. 철거하고 싶을 때 못 하면 소송을 해야 한다. 미리 판결을 받아두는 게 좋을 것 같아 소송을 결심했다. 판결문의 효력은 10년이라고 한다. 앞일은 아무도 모른다. 역사 근처라 재개발로 보상비를 받을지 아니면 새 건물을 올릴 수 있을지···. 어쨌든 미리 정리하기로 했다.

사실, 이 땅을 낙찰받은 목적은 신축건물을 올리기 위해서였다. 동네 후배가 호평동에 들어선 꽤 괜찮은 상가건물 주인에 대해 알려준 적이 있었다. 아는 형이라며 오래된 주택을 인수해 함바집으로 돈을 번 후 건물을 지어 꼭대기 층에 살며 임대료로 먹고산다고 한다. 호평동이 택지지구로 지정되어 아파트 공사가 한창일 때는 건설

인부들을 상대로 밥집으로 돈을 벌고 아파트가 들어선 이후에는 집을 허물고 6층짜리 근린상가를 신축해 재산 가치를 몇 배나 상승시킨 것이다. 시청을 기준으로 하면 초성리가 훨씬 멀지만, 신설 역사를 기준으로 하면 위치는 비슷했다. 그래서 나도 근린주택을 신축할 생각이라 토지사용료는 모아두었다가 주택을 철거할 때 쓰려 했다.

내가 건네준 편지의 답신이 내용증명으로 왔다. "본인은 20년 넘게 상기 지번상에 주택을 짓고 살아왔다. 주식회사ㅇㅇ종합건설과의 채권관계로 토지를 인도받기로 되어 있어 건물을 지은 것이다. 게다가 공매 사실을 알지 못해 권리행사를 하지 못한 것일 뿐, 지상권은 본인에게 있다"는 것이다.

2015년 5월, 건물철거 및 부당이득금 반환(토지사용료) 소장을 작성해 의정부 지방법원에 전자소송으로 접수했다. 앞서 2011년에 춘천에서 낙찰받았던 토지를 해결하기 위해 건물철거 및 부당이득 청구 소송을 경험했기에 이번엔 좀 수월했다. 춘천 물건은 토지만 며느리에게 증여된 후에 내가 낙찰받았기에 법정지상권이 없었다. 그러나 건축물대장상 원소유자는 사망했고, 상속자들이 열네 명이나 되어 송달에 어려움을 겪었다. 게다가 모두 소송을 회피해 아무도 나서는 사람이 없었다. 초반에 실수를 많이 해서, 보정명령이나 청구취지 및 원인변경 신청으로도 힘들었는지 전문가의 도움을 받으라는 판사님의 권고를 받았다. 소장을 작성할 때는 청구취지를 명확히 해야 한다. 결국, 법무사에게 위임해서 30개월 만에 승소했는데 그 소송에 비하면 이 건은 아주 쉬웠다.

춘천에서 승소한 내용을 그대로 베껴 필요한 부분만 수정했고 작년 봄에 전자소송을 알게 되어 인터넷 검색을 통해 접수했다. 전자소송은 서류 때문에 일일이 법원을 찾아다닐 필요가 없어 너무 편했다. 소제기자(원고)의 송달료도 아끼고 송달 시간도 절약되었다. 나중에 알게 되었지만, 일반 소송도 우편 접수가 가능했다.

소장의 청구취지는 별지목록의 건물을 철거하고 별지목록의 토지를 원고에게 인도하라, 별지목록의 토지를 인도 완료할 때까지 매월 333,900원의 돈을 지급하라.

소장의 청구원인은 당사자 지위를 확인하고, 건물의 처분권자 등을 설명했다. 건물철거는 그 소유권의 종국적 처분에 해당하므로 그 소유자만 철거처분권이 있다는 것이 판례인바(대법원 1986. 12. 23. 선고 86다카1751 판결, 대법원 1989.2.14. 선고 87다카3073판결 참조) 피고가 양수받았으므로 철거할 의무가 있다. 또한, 피고의 주장대로 소유할 권원이 있는지(법정지상권) 여부는 앞서 설명했듯 건물의 소유를 목적으로 한 토지 임대차는 당사자 간 채권계약으로 등기를 하지 아니하면 제삼자에게 효력이 미치지 아니한다. 경·공매로 인해 토지와 건물의 소유자가 달라진 경우, 건물에 대해서는 민법상 법정지상권 내지 관습법상 법정지상권이 성립되어 건물의 철거로 인한 사회경제적 손실을 방지하는 제도… 이 사건과 같이 애초에 건물 소유자와 토지 소유자가 틀린 경우에는 성립되지 않는다… 등등으로 마무리했다.

부당이득금 관련해서는 잔금 납부일부터 건물을 철거해 토지를 인도하는 날까지 토지사용료 상당의 사용료를 요구했다. 공매 감정평가 금액의 7%를 요구했으나 판례는 첨부하지 않았다.

지료에 관련된 판례를 찾아보면 다음과 같다.

TIP

1. 대법원 1994. 6. 28. 선고 93다51539판결(손해배상), 타인 소유의 토지를 법률상 권원 없이 점유함으로 인해 그 토지 소유자가 입은 통상의 손해는 특별한 사정이 없는 한 그 점유토지의 임료 상당액이라는 판결

2. 대법원 1995. 9. 15. 선고 94다61144 판결(지료 등), 타인 소유의 토지 위에 소재하는 건물의 소유자가 법률상 원인 없이 토지를 점유함으로 인해 토지의 소유자에게 반환해야 할 토지의 차임에 상당하는 부당이득금액을 산정하는 경우에는 특별한 사정이 없는 한 법정지상권이 있는 건물이 건립되어 있음으로 인해 토지의 소유권이 제한을 받는 사정은 참작, 평가해서는 안 된다는 판결

3. 대법원 1977.7.26. 선고 77다921판결(부당이득금반환), 법정지상권이 미치는 범위는 건물의 대지뿐 아니라 건물을 사용하는 데 필요한 범위 내의 모든 부분까지 포함한다는 판결

4. 광주지법 2005.6.1. 선고 2004나10097판결(건물철거 및 대지인도 등), 원고가 기대이율 연 8%를 적용해 소를 제기했으나 연 5%로 판결, 원고의 항소심 재판 도중 5%로 재판상 화해한 판결

5. 대법원 1989.8.8. 선고 88다카18054판결(지료), 법정지상권이 설정된 건물로 인해 소유권의 제한을 받는 사정을 참작 평가해서는 안 된다며 임료를 토지가격의 7%로 평가한 판결

※ 토지사용료를 검색하면 감정가의 5~7%라는 판례가 주를 이루나 산양리 지분 땅에서 언급했듯 기대이율은 감정평가를 통해 책정된 금액이다. 따라서 실제 이용 현황이나 현재 금리에 따라 달라진다. 그러므로 원고가 마음대로 정한다고 받아들여지는 것이 아니고 임료 감정을 통해 법원의 판단을 받게 된다. 단, 판결 이후에는 채무자가 빨리 배상하도록 법으로 정한 지연손해금은 15%로 동일하다. 소송촉진 등에 관한 특례법이 개정되어 금전채무의 이행을 명하는 법원의 판결 선고 시 지연손해금 산정기준(법정이자)이 기존 20%(2003. 6.1~)에서 15%(2015.10.1~)로 바뀌었다.

초성리 소송 이후로도 여러 건을 진행했는데 모두 첫 소송보다는 쉬운 물건이라 혼자 공부하며 변론했다. 게다가 전자소송의 범위나 사용법도 한결 쉬워진 것 같다. 블로그나 카페 등에서 전자소송의 진행방법을 쉽게 설명해주어 웬만한 것은 검색하면 다 나온다. 그래도 모르면 법률 상담을 받아 소장을 접수하고 진행에 관련된 것은 해당 법원에 문의하면 된다.

원고가 법원에 소장을 접수하면 사건번호가 부여된다(소장을 접수해 재판을 청구하는 사람을 원고라 하고 상대방을 피고라 한다). 담당 재판부가 결정되면 피고에게 소장부본 및 소송안내서가 송달된다. 피고는 30일 이내에 답변서를 제출해야 하고 피고의 답변서는 원고에게 송달된다. 그 뒤로 반박과 주장에 관한 모든 서류는 '준비서면'이라 하며 상대방에게 송달된다. 따라서 인원이 많을수록 송달료와 송달 기간이 많이 소요되므로 불필요한 서류는 제출하지 말아야 한다. 또한, 법정에 출석하기 전에 상대방이 받아볼 수 있도록 미리 제출해야 한다.

서로의 반박이 끝나면 법원에 출석해서 재판을 받는 변론기일이 지정된다. 때로는 조정기일이 지정되어 당사자 간의 화해를 유도한다.

순서대로 다시 정리하자면 다음과 같다.

1. 소장을 접수하면 사건번호가 부여된다.

원고는 소송을 제기한 사람이고 피고는 상대방(소를 받은 사람)이다.

2. 피고의 답변서

원고의 소장을 받은 피고가 자신의 주장(무죄)을 정리해서 보내는 서류다.

3. 준비서면

답변서 이후 원고나 피고가 보내는 모든 서류를 말한다. 변론기일에 증거자료로 사용하려면 미리 제출해야 한다. 그래야 상대방이 반론할 기회를 가질 수 있기 때문이다.

4. 보정서

소장이나 준비서면(답변서)을 보내고 부족한 부분을 보충하거나 바로 잡을 때 사용한다. 상대방에게 우편물이 도착하지 않으면 주소 보정 명령이 내려온다. 그러면 이 서류를 근거로 주민센터에서 상대방의 주민등록 초본을 발급받아 주소를 보정하기도 한다.

5. 변론기일 또는 조종기일

변론기일은 법원에서 원고와 피고의 주장을 확인하기 위해 재판을 하는 날이다. 판결 전에 서로 조정할 수 있게 조종기일을 지정하기도 한다. 어느 것을 먼저 할지는 법원에서 정한다.

6. 기일변경 신청서

변론기일이나 조종기일에 참석하지 못할 경우, 날짜를 옮겨달라고 할 때 사용한다.

7. 화해권고결정

판사의 직권으로 이렇게 합의하라고 결정하는 것으로 쌍방의 이의 신청이 없으면 재판상 화해와 같은 효력을 가진다(민사소송법 제225조~제232조).

8. 판결

법원에서 원고나 피고의 주장을 받아들여 판단하고 결정하는 것이다.

9. 기타
- 공시송달 : 폐문부재 등으로 상대방이 법원의 우편물을 안 받으면 집행관을 통해 야간이나 주말에 송달을 하는 특별송달을

한다. 특별송달조차 안 될 때는 법원에 공시송달을 신청해 법
원 게시판에 게시하면 2주 후에 효력이 발생한다.
- 지정기일신청 : 강제경매 속행신청 등 재판이 늦어질 경우 법
  원에 제출해 독촉하는 서류다. 일단 소장이 접수되면 해당 법
  원에 먼저 문의하면 된다.

TIP

전자소송의 가장 큰 장점

첫째, 법원에 오가며 서류를 제출하지 않고 집에서 소장이나 준비서면을 등록할
수 있어 편리하다.

둘째, 본인의 송달료가 면제되고 송달 시간도 줄어 소송 기간이 단축된다. 상대
방 또한, 전자소송으로 진행하면 더 빨라진다(문자나 메일로 안내된 서류를 확인하
지 않아도 일주일 후에는 자동으로 송달된 것으로 간주한다).

셋째, PC나 전자소송 앱으로 진행 사항을 바로 알 수 있다. 모든 소송 기록이 남
기 때문에 차후에 확인도 용이하다.

넷째, 법원에서 소송자료를 복사하면 건당 복사비용이 발생하나 전자소송은 사
건기록을 출력해도 별도의 비용이 들지 않는다.

피고가 법무사를 위임해 답변서를 보내왔다. "본 건물은 원래 임
○○소유 건물이며 전 소유자인 주식회사○○종합건설이 인수해 사
용하던 중 피고가 받을 채권으로 토지를 인수받는 조건으로 본건 건
물도 양수받은 사실이 있으나…, 약속한 사실을 이행치 못하고 있다
가 동 토지만 공매 처분되어 원고가 본건 토지를 소유하게 된 것인

데… 피고는 본건 건물에 지금까지 거주하면서 건물의 개보수를 상당한 돈을 들여서 해온 것인데 원고가 이를 철거하라고 청구하는 것은 경험칙상으로 보아도 사리에 맞지 않고… 그런데도 이러한 모든 것을 배척하고 청구한 원고의 주장은 부당한 청구라 할 수 있어 기각되어야 할 것이다."

소송 시, 모든 주장은 증명할 수 있어야 한다. 따라서 백 마디 말보다 자신의 주장을 입증할 수 있는 증거서류 한 장이 더 중요하다. 입증 책임이 있는 원고가 항상 불리하지만 피고가 내 토지를 점유한 사실은 확실하므로 법적으로 점유의 권한이 있는지 판례로 증명하면 된다. 법정지상권이 없는 것이 명백하므로 지료에 관한 사항만 정리하면 되었다. 결국, 변론기일이 아닌 조정위원회에 회부되어 토지사용료와 명도 시기만 합의하면 되었다.

경원선이 개통하는 2019년 말까지 명도를 요구했으나 2020년 12월 31일까지 건물과 토지를 명도 받는 조건으로 마무리했다. 또한, 토지사용료는 소송 중이던 2015년 6월 1일부터 지급하되 연 0.31% 선에서 합의했다. 은행 이자에도 못 미치지만, 건물 철거비용 정도는 나올 것 같았다. 조정조서의 효력은 재판상 화해조서처럼 확정판결과 동일한 효력이 있다. 만일, 건물을 철거하기 전에 주변이 재개발되어 토지와 건물이 수용되면 상황이 달라질 수 있다. 토지는 평가금액에 대한 보상을 받지만, 건물의 경우에는 아파트 입주권이 주어질 수 있다고 한다.

24. 연하리 토지사용료

2015년 9월 말, 다섯 번이나 유찰된 경기도 가평군 상면 연하리의 연립부지를 6번째 입찰기일에 낙찰받았다. 총 5필지 모두 다세대주택의 부지 및 부속 토지(주차장 등)로 표기되어 있지만 2필지 위에만 연립주택 2동이 들어서 있고 1필지는 주차장으로 사용 중이다. 그 외 2필지는 연립주택 옆에 연달아 붙은 땅으로 작은 언덕처럼 흙무더기가 쌓여있어 옆집 경계 필지 사이로 사람만 통행할 수 있었다. 다세대주택과 연립주택의 건축법상 차이는 주택의 바닥 면적으로 구분한다(주택의 바닥 면적이 660㎡ 이하인 4층 건물이면 다세대주택, 660㎡를 초과하는 4층 건물이면 연립주택이다. 빌라는 건축법상에는 없지만 고급스러운 이미지를 표현하기 위해 다세대주택이나 연립주택에 사용한다).

네 차례 유찰되었을 때 소액으로 장기 투자할 사람을 찾았지만, 선뜻 나서는 사람이 없었다. 연립 2동 중 1동은 1/16 지분권자가 연립주택 1세대를 소유했기에 건물철거 소송은 힘들 것 같았다. 법정지상권이 있다 해도 연립주택의 재산권을 온전히 행사하려면 토지가 필요할 테니 큰 문제는 없어 보였다.

2014타경57849 ● 의정부지법 본원 ● 매각기일 : 2015.09.23(水) (10:30) ● 경매 15계 (전화:031-828-0367)

소재지	경기도 가평군 상면 연하리 ??? 외 4필지 도로명주소검색		
물건종별	농지	감 정 가	222,242,860원
토지면적	1151.13㎡(348.217평)	최 저 가	(33%) 72,824,000원
건물면적	건물증 매각제외	보 증 금	(10%) 7,290,000원
매각물건	토지만 매각이며 지분 매각임	소 유 자	비_.
개시결정	2014-12-12	채 무 자	ㅂ_!
사 건 명	임의경매	채 권 자	ㅌ._.

오늘조회: 1 2주누적: 0 2주평균: 0 조회동향

구분	입찰기일	최저매각가격	결과
1차	2015-04-01	222,242,860원	유찰
2차	2015-05-06	177,794,000원	유찰
3차	2015-06-10	142,235,000원	유찰
4차	2015-07-15	113,788,000원	유찰
5차	2015-08-19	91,030,000원	유찰
6차	**2015-09-23**	**72,824,000원**	

낙찰 : 73,340,000원 (33%)

(입찰1명, 낙찰:정대용)

매각결정기일 : 2015.09.30 - 매각허가결정

대금지급기한 : 2015.11.02

대금납부 : 2015.10.30 / 배당기일 : 2015.12.08

배당종결 2015.12.08

관련사건 2002타경33116(소유권이전)

| 사진 | 토지등기 | 감정평가서 | 현황조사서 | 매각물건명세서 | 부동산표시목록 | 기일내역 | 문건/송달내역 |
| 사건내역 | 전자지도 | 전자지적도 | 로드뷰 | 온나라지도 | | | |

● **매각토지.건물현황**(감정 : 지혜감정평가 / 가격시점 : 2014.12.24)

목록	지번	용도/구조/면적/토지이용계획	㎡당 단가 (공시지가)	감정가	비고
토지	1	연하리 1??-3	도시지역,제2종일반주거지역, 소로2류(폭8M~10M)(접함),가 축사육제한구...	답 533.44㎡ (161.366평)	204,000원 (107,700원)	108,821,760원	☞ 전체면적 569㎡중 ?.?.?. 지분 15/16 매 각 • 다세대주택의 부지 및 부속토지(주차장 등)
	2	연하리 ??-4	도시지역,제2종일반주거지역, 가축사육제한구역(제2종일반 주거지역)(가...	답 200.63㎡ (60.691평)	204,000원 (107,700원)	40,928,520원	☞ 전체면적 214㎡중 ?.?.?. 지분 15/16 매 각 • 다세대주택의 부지 및 부속토지(주차장 등)
	3	연하리 ??-10	도시지역,제2종일반주거지역 ( ), 소로2류(폭 8M~10M)( ) (접함),가축...	답 59.06㎡ (17.866평)	193,000원 (104,500원)	11,398,580원	☞ 전체면적 63㎡중 ㅂ.?.? 지분 15/16 매 각 • 다세대주택의 부지 및 부속토지(주차 등)
	4	연하리 ??-6	도시지역,제2종일반주거지역, 소로2류(폭9M~10M),가축사육 제한구역(제2...	답 250㎡ (75.625평)	161,000원 (91,500원)	40,250,000원	• 다세대주택의 부지 및 부속토지(주차장 등)
	5	연하리 ??-7	도시지역,제2종일반주거지역, 소로2류(폭9M~10M)(접함),가 축사육제한구역...	답 108㎡ (32.67평)	193,000원 (104,500원)	20,844,000원	• 다세대주택의 부지 및 부속토지(주차장 등)
		면적소계 1151.13㎡(348.217평)			소계 222,242,860원	

제시외 건물	1	연하리 1??? 콘크리트조 스라 브지붕 등	4층	다세대주택(8개호)	601.92㎡(182.081평)		매각제외 • 1~4개층(각층) 약 150.48㎡
	2		1층	창고 등	3.06㎡(0.926평)		매각제외
	3		1층	보일러실	2.25㎡(0.681평)		매각제외
	4		4층	다세대주택(8개호)	601.92㎡(182.081평)		매각제외 • 1~4개층(각층) 약 150.48㎡
		제시외건물 매각제외					

토지는 어디로 도망가지 않거니와 건물주에게 꼭 필요하니 지분으로 팔 생각이었다. 싸게 사면 손해 볼 일은 없을 테지만 해결이 쉽지 않아 오랫동안 목돈을 넣어둘 수밖에 없다. 결국 다섯 차례나 유찰되어 30% 선까지 떨어졌기에 부담이 덜해 혼자 입찰했다. 한두 명 더 들어올 줄 알고 최저가보다 50만 원 정도 더 썼는데 단독 입찰이다(굿옥션 자료에는 내 이름이 잘못 기재되어 있다).

입찰 전, 연하리에 찾아가 인근을 탐문하니 건물을 지을 만한 밭이 평당 70~80만 원에 거래되었다고 한다. 경매로 나온 연립주택은 준공검사가 안 나 수도가 아닌 지하수를 쓰고 있었다. 또한, "인근의 축사 때문에 여름마다 악취가 심한데 무단으로 증축까지 해서 마을 사람들의 원성이 자자하다"고 한다. 연립주택에서 나오는 아주머니가 있어 물어보니 3,500만 원에 전세를 살고 있었다.

나는 토지를 팔거나 토지사용료를 받을 생각으로 입찰했다. 한 가지 마음에 걸린 것은 토지대장은 다 확인했지만, 건축물대장은 15세대 중 지분권자만 확인했다. 연립 2동 중 가동 301호만 1/16 지분권자가 연립건물까지 소유하고 있어 법정지상권이 있었다. 나중에 알게 되었지만 전 토지주 또한, 나동 401호의 1/2 지분을 매수해 소유권이 있었다(근저당 설정 당시에 건물의 1/2지분을 매입했고 경매로 인해 소유주가 바뀌었으니 법정지상권이 성립한다). 그러니 법정지상권 때문에 건물 철거소송은 애초에 할 수가 없다.

예전에 강남의 대지지분을 낙찰받아 멀쩡한 건물을 반으로 쪼갠 경우도 있지만, 이곳은 반으로 쪼개면 비용이 더 들어 오히려 손해

다. 강남의 토지는 37명이 46억을 투자해 126억 원에 팔았다. 80억 원의 시세차익을 남겼지만, 소송으로 4년을 끌었다. 각종 경비와 이자, 소송비용, 양도세 등을 제하면 실수익은 생각보다 많지 않을 것 같다. 그래도 한 번은 도전해보고 싶다.

> "공매 나온 건물 토지 절반. 공동 투자자 37명 낙찰받아 철거 후 땅 팔아 79억 원 수익. 직계 가족이 상속세를 내지 못하자 국세청은 이 땅을 공매에 부쳤다. A씨 등은 4년가량의 지루한 소송 끝에 철거 판결을 받아 건물 절반을 헐었다."
>
> – 한국경제 "수백억짜리 강남 빌딩 경매 고수가 반쪽 냈다." 2011. 6. 14. –

예전에는 건물이 있는 토지를 낙찰받을 경우, 건물 때문에 제한받는 금액이 감정가였지만 요즘은 제한받지 않은 금액이 감정가라 여러 번 유찰되어야 차익이 크다. 게다가 최근에는 저금리로 인해 토지사용료도 5~7%를 받기가 쉽지 않아 수익을 낮게 잡아야 한다. 또한, 2015년 2월 23일부터 불법건축물이나 무허가 건축물의 경우에는 적법한 용도로 원상복구 해야 하는 대상으로 보아 주택의 취득세율을 적용할 수 없게 되었다. 따라서 6억 원 이하, 최소 1.1%부터 시작하는 주택의 토지가 아닌 주택 외 부동산으로 보아 4.6%로 바뀌었다. 따라서 취득세가 생각보다 많이 나왔다.

부동산 종류		구분	취득세	농특세	지방교육세	세율합계
주택	6억 이하	85㎡이하	1%	-	0.1%	1.1%
		85㎡초과	1%	0.2%	0.1%	1.3%
	6억 초과 ~ 9억 이하	85㎡이하	2%	-	0.2%	2.2%
		85㎡초과	2%	0.2%	0.2%	2.4%
	9억 초과	85㎡이하	3%	-	0.3%	3.3%
		85㎡이하	3%	0.2%	0.3%	3.5%
주택외(토지. 건물. 상가)			4.0%	0.2%	0.4%	4.6%
원시취득(신축)			2.8%	0.2%	0.16%	3.16%
농지	신규		3.0%	0.2%	0.2%	3.4%
	2년이상 자경 취득		1.5%	-	0.1%	1.6%
상속	농지외		2.3%	0.2%	0.06%	2.56%
	1가구 1주택		0.8%	-	0.16%	0.96%
	일반(농지외)		2.8%	0.2%	0.16%	3.16%
증여	일반		3.5%	0.2%	0.3%	4.0%
	85㎡이하 주택		3.5%	-	0.3%	3.8%

소유권을 이전하고 공유자인 1/16 지분권자를 찾아가니 채권 대신 땅을 받았다고 한다. 아직 지목이 전(밭)으로 되어 있지만, 밭보다는 더 받아야 할 것 같았다. 한 세대당 지분이 16평이기에 주변 밭과 비교해도 1,200만 원이면 괜찮을 것 같다고 나름대로 생각했다. 지분권자도 그와 같은 금액으로 구입했다고 해서 무리한 금액이라

고는 생각하지 않았다. 하지만 연립주택 건물주들은 하나같이 시큰 둥했다. 게다가 자신의 의견이 아닌 다른 사람을 핑계로 단체행동을 해서 협상이 쉽지 않았다. 또 한 가지 알게 된 사실은 연립주택을 신축한 ○○건설에서 8세대에 대해 각각 1/2지분을 소유하고 있었다. 어떤 사람은 연립주택을 분양받았다며 ○○건설에서 지분을 못 받은 것이라 한다. ○○건설은 이미 2002년 12월 31일 해산되어 청산종결된 법인이다. 여러 사람의 가압류와 압류가 청산 전후로 얽혀 있고 채권의 소멸시효인 10년도 한참 지났다.

기나긴 싸움이 될 것 같아 가평군 법원에 토지사용료 소송을 제기하려고 연립주택에 관한 정보를 수집했다. 가평군청에 전화하니 준공검사가 나야 대지로 형질변경이 가능하다고 한다. 하지만 지금은 준공검사가 안 난 상태라 해서 담당자를 찾아갔다. 건축기획팀으로 찾아가니 건축물대장이 없다고 한다. 하지만 건축원부에 건축도면과 건축허가서류가 있다는 것을 알려주었다. 도면으로 건축 당시의 대지 면적과 토지 모양을 확인할 수 있었다. ○○건설은 연립단지를 만들려고 건축허가를 받을 때 주변의 땅을 더 확보해둔 상태였다.

한 사람이 여러 세대를 소유하기도 하고 8세대는 ○○건설과 1/2씩 지분을 공유하고 있어 소송당사자는 모두 열한 명이었다. 2015년 12월 21일, 열한 명을 상대로 가평군 법원에 "토지사용료와 함께 청산종결된 ○○건설의 1/2 공유지분을 가진 피고들은 소유권 이전 등기절차를 이행하라"는 소를 제기했다. 주민등록 초본을 발급받아 주소보정 끝에 첫 변론기일이 잡혔다. 주민등록초본은 주민등록번호 또는 과거 주소 중 한 번이라도 같아야 발급받을 수 있다. 주소가 틀리면 발급받지 못하는데 베테랑 직원은 주민등록 원부나 다른 방법으로 찾아내기도 한다(주민등록번호 시행 전 등기부는 생년월일도 없다).

2016년 5월 21일, 첫 변론기일에 참석하니 판사님이 "등기와 토지사용료를 다 진행할 것이냐?"고 묻는다. 그러면서 의정부 지원으로 이송신청을 하라는 것이다. 판사님이 귀찮아서 그런 줄 알았는데 소액재판 외에는 의정부지방법원 관할이었다. 처음에는 등기는 제외하고 소액재판인 토지사용료소송만 진행하겠다고 했다가 결국, 이송신청을 했다. ○○건설에서 분양하고 등기를 안 해주었다는 얘기를 듣고 소장에 토지사용료 외에 "청산종결된 ○○건설의 1/2 공유지분을 가진 피고들은 소유권이전 등기절차를 이행하라"는 내용을 추가했었다. 피고 측은 네 명이 출석했는데, 다음 변론기일이 잡힌 뒤 법정 밖에서 이야기하게 되었다. ○○건설 관계자라는 사람은 "세금만 내면 언제든 청산종결된 법인을 되살릴 수 있다"고 한다. 또한, 피고 중에는 낙찰받은 가격을 운운하며 500만 원이면 사겠다고 해서 그냥 집으로 돌아왔다.

대화 자체가 안 되었는데 이렇게 간극이 클 줄은 몰랐다. 이들은 내가 잘 지내고 있는 자신들을 괴롭히는 사람으로 여겼다. 가평군청 공무원도 "왜 이런 물건을 받아 잘 지내는 사람들을 불편하게 하냐?"는 식으로 말했다. 그때 "왜 법대로 하면 되지 그 사람들을 두

둔하냐?"고 되묻고 싶었지만 참았다. ㅇㅇ건설의 1/2지분은 다른 지분권자가 사용하고 있는데 세금은 잘 걷고 있는지, 부동산 실명법 (부동산 실권리자명의 등기에 관한 법률)을 위반하지는 않았는지 궁금할 따름이다. 2007년, 서ㅇㅇ 세무서에서도 ㅇㅇ건설의 지분을 압류했는데 실익이 없어 아직까지 집행하지 않은 것 같다. 앞으로 세금을 추징하지 않을 것인지, 아니면 다른 방법을 취할 것인지 알아볼 생각이다.

2016년 7월 8일, 의정부 지방법원으로 사건이 이송되어 추가인지대를 납부하고 8월에야 다시 변론기일이 잡혔다. 이때 피고 중 한 명이 사망해 소송수계 신청을 하게 되었다. 수계 신청은 소송 중 사망 시 상속자로 하여금 사건을 이어받도록 절차를 밟는 것이다. 몇 달을 끌다 피고들이 감정신청을 요구했다. "연립주택이 내 토지 위에 있는 게 맞는지?" 그리고 "토지사용료로 경매 감정가의 7%를 인정하지 못하겠다"는 것이다.

결국, 법원의 요구로 지적 측량과 함께 토지사용료 감정을 의뢰했다. "청산종결된 ㅇㅇ건설의 1/2 공유지분을 갖고 있는 피고들은 소유권이전등기 절차를 이행하라"는 소는 취하했다. 소송하다 보니 분양권의 실체가 없어 소유권이전등기를 주장할 수 없었다. 판사님이 변론기일을 한 달 뒤로 잡았는데 감정평가가 훨씬 늦어져 기일변경 신청을 했다.

소송 중 불필요한 준비서면과 기일변경, 이미 제출한 서류의 재요구(소송을 오래 끌다 보니 이미 제출한 서류를 첨부한 것을 모르고 법원에서 다시 요구했다. 별도의 문서가 아닌 첨부로 보냈는데 기억을 못 해 다시 발급받아 제출했다)로 송달료가 많이 들었다. 한두 명도 아니고 피고가 열두 명으로 늘어나 자잘한 실수를 할 때마다 불필요한 송달료가 한 번에 열두 번씩 늘었다.

2017년 4월 24일 화해권고 결정이 내려졌고 피고 중 일부가 이의 신청을 해서 2017년 7월 5일 자로 판결문이 나왔다. 또한, 추가판결과 오류로 인한 판결정정결정까지 이틀이 더 소요되었다. 2015년 12월 21일 시작한 토지사용료 소송이 18개월 만에 끝났다. 처음에는 한 가구당 4필지씩 21평을 연립부지로 계산했는데 소송 중 2필지가 배제되어 3필지씩 총 16평이 되었다. 따라서 5필지 중 2필지는 연립과 붙은 지번이지만 토지사용료에서 제외되었다.

○○건설 1/2지분 때문에 일부승소 또는 승소로 인한 소송비용확정은 2018년 3월 12일, 이의 신청한 여섯 명을 상대로 진행해 2018년 8월 13일 결정되었다. 화해권고 시 이의 신청을 하지 않은 사람은 소송비용을 각자 부담한다. 소송비용은 패소자의 부담으로 별도의 재판(소송비용확정신청)을 통해 각자의 금액이 확정된다. 소송비용에는 인지대, 송달료, 변호사 보수(전액은 못 받고 정해진 금액이 있다), 감정료와 소송출석여비(교통비, 식대, 일당) 등이 포함된다.

가장 골치가 아팠던 ○○건설은 2동의 연립 15세대 중 8세대에 각각 1/2 지분을 소유했지만 2002년 12월 3일 청산종결된 법인이다. 청산법인이란 존립기간의 만료나 기타 사유로 법인이 해산된 후 청산절차가 진행 중인 법인을 말하며, 청산종결등기가 된 경우라 하더라도 청산사무가 아직 종결되지 아니한 경우에는 청산법인에 해당한다. 해결방법을 찾아 인터넷 검색과 대한법률공단의 자문을 통해 알아본 결과, 상법 제520조의 2규정에 의해 법인말소 후 20년 이내에는 청산사무가 아직 종결되지 아니하면 청산 종결간주등기를 말소하고 등기부를 부활시킬 수 있다. 따라서 마무리가 안 된 ○○건설은 2017년 7월 이후 따로 토지사용료 소송을 진행했다.

토지사용료 판결을 받은 의정부 지방법원에 접수했더니 피고의 주소지인 인천으로 이송되어 바로 취하하고 건물 소재지인 가평군 법원에 다시 접수했다. 가평군 법원에서 다시 원고의 주소지인 남양주 법원으로 이송되어 2018년 2월에 판결이 났다. ○○건설이 변론기일에 출석하지 않아 승소 판결을 받았는데, 이자에 대한 청구는 기각되었다. 소장에 금액을 정확히 제시해야 하기에 토지사용료와 함께 이자로 소장부본 송달 일까지는 법정이자인 연 5%를, 그다음 날부터 다 갚는 날까지는 연 15%의 지연손해금을 요구했었다. 하지만 법원의 판단은 토지사용료의 청구가 장래 이행의 소에 해당하는바(지료는 합의가 안 되면 소송으로 판결) 이행지체 사실을 인정할 수 없으므로 이 사건 소 중 지연손해금 청구 부분은 이유 없음으로 이자에 관한 내용은 기각한 것이다.

2018년 3월, ○○건설의 채권을 회수하기 위해 가압류가 적은 한 세대를 골라 판결문으로 강제집행을 신청했다. 일단 등록면허세와 지방교육세, 인지와 등기신청 수수료 등을 납부해야 시작하므로 예전 자료를 찾아보았다. 전자소송으로 진행했는데 앞서 두 차례 진행했던 지분 경매(형식적 경매)와도 달랐다. 처음으로 타인의 부동산을 민사집행으로 강제경매를 신청한 것이라, 소액재판으로 월급을 압류한 것과도 달랐다. 서류 작성과정을 꼼꼼히 정리했다고 생각했는데, 막상 찾아보니 그렇지도 않았다. 남는 건 자료인데 잊어버릴 만하면 진행된 탓에 잘 정리하지 않아 좀 부실했다. 그래서 판결문만 갖고 강제경매 신청을 하고 검색을 하니 집행문도 필요했다. 바로 배당된 법원에 전화했더니 그렇지 않아도 전화하려 했다며 보정명령을 내려준다. 내가 앞서 소송했던 자료를 그대로 첨부하는 바람에 날짜가 지난 법인등기부도 1개월 이내 것으로 다시 첨부하라고 한다. 내용이 바뀔 게 없어 그냥 넘어갈 줄 알았는데 꼼꼼히 따진다. 그래서 법원에 간 김에 폐쇄등기부 등본을 발급받아 첨부했다.

보정명령은 크게 세 가지였다.
1. 집행문
2. 법인 등기부
3. 채권 금액(판결문에 나온 그대로 해야지 확정 이후 5%의 이자를 넣었더니 안 된다고 한다. 또한, 산정된 내역이 필요하다) 및 부동산의 표시

집행문은 해당 법원에 가서 발급받아야 하지만 2017년 11월부터 전자소송 사이트에서 담당자가 신청내용을 확인하고 승인해주면 발급받을 수 있다. 남양주시 법원에 집행문을 신청했는데 "주문 1항의 소유권상실 일을 소명할 수 있는 자료를 첨부해 방문접수나 우편접

수 하시기 바란다"며 발급 불가로 처리되었다.

애초에 토지사용료를 지급하라고 소장을 작성했는데, 의정부 지방법원에서 '원고의 15/16지분(토지)의 소유권을 상실하는 날과 피고들이 전유세대의 소유권을 상실하는 날 중 먼저 도래하는 날까지 피고의 점유 상황에 따라 각 연 000,000원의 비율로 계산한 돈을 지급하라'고 판결해주었다. 그래서 똑같이 ○○건설 토지사용료 소장에도 그렇게 기입한 것이다. 그런데 소유권 상실 일을 어떻게 증명할 수 있단 말인가? 그래서 전화로 항의하니 검토해보고 연락해준다고 한다. 다음 날 재발급 신청을 하라고 해서 신청했는데 이미 납부한 돈은 돌려받을 수 없어 다시 납부했다(전자소송 시스템상 환불해주는 제도가 없다고 한다).

남양주지방법원에 문의한 결과 "집행문을 발급했고 판사님의 결정문에 더 이상 첨부할 것이 없다고… 채권자 또한, 점유에 기한 방해배제를 청구하는 것이므로 ⅰ) 원고의 소유물일 것 ⅱ) 피고가 원고의 소유물을 점유하고 있다는 것을 증명하는 것으로 족하므로 토지사용료를 받을 수 있게 된 것입니다. 토지나 건물의 소유권을 상실하는 것은 이전을 말하며 그것은 미래에 일어나는 일입니다. 귀원은 채권자에게 미래에 일어날 일을 증명하라는 것과 다를 바 없다고 봅니다. 채권자는 토지의 소유권을 상실(이전)할 의향이 없으며 채무자가 향후 건물의 소유권을 상실할지도 전혀 알 수 없습니다. 따라서 피고가 소유권을 상실(이전)할지 여부는 피고에게 주문하는 것이 보편타당하다고 봅니다."

장문의 소명서를 제출한 후 의정부 지방법원에서 연락이 왔다. 소유권 상실 일은 일반적으로 사용하는 단어가 아니라며 몇 가지 사항을 물어 답했고 앞선 재판에서 판사님이 그리 판결해주었다고 했다. 판결문을 받았을 때 좀 이상해서 해당 법원에 확인까지 했었다. 분명, 소유권을 상실하는 날까지 토지사용료를 받는 것으로 얘기를 들었는데 대한법률구조공단이나 강제경매 재판부에서는 소유권을 상실하고 나서 토지사용료를 받는 것으로 해석했다. 상식적으로 생각할 수 있는 사항도 문구가 좀 이상하다 싶으면 정확히 짚어봐야 한다.

　이미 언급했듯 잘못된 판결문으로 인한 경정신청이 2011년부터 2016년 6월 말까지 2만 9,972건이나 된다. 나처럼 경정신청 없이 처리된 사건도 많을 것이다. 다행히, 신청한 지 한 달 만에 강제개시 결정이 났다. 그 뒤로 배당요구종기결정이 나고 현황조사를 거쳐 6월까지 경매가 진행되다 아무런 소식이 없었다. 7월에 인사이동이 있다고 해서 계속 기다리다 8월에 전화했다. 바로 진행할 것이라 했는데 소식이 없어 9월에 다시 연락하니, 바로 진행하겠다고 한다. 사람이 바뀌었는지 다시 보정명령이 내려왔다.

　이번에는 '전유부분 건물에 대한 대지권이 미등기인 이유'와 '건물의 소유자가 사실상 대지권을 취득했는지 여부' 그리고 '대지사용권이 전유부분과 분리처분이 가능하다는 규약이나 공정증서가 있는지 여부에 대해 각 소명하시기 바란다'는 내용이었다. 그래서 ⅰ) 전유 부분인 건물에 대한 대지권이 미등기 상태인 것은 건물과 토지의 소유주가 달라서, ⅱ) 건물의 소유자가 사실상 대지권을 취득했다면 채권자가 토지사용료를 청구할 수 없었을 것이다. 분양계약서나 분양대금납부 관련 내역은 토지 낙찰자가 아닌 ○○건설에 요구해야 합니다. ⅲ) 집합건물대지권취득에 관해 부동산등기법에서 '구분건물신축자'가 집합건물의 소유 및 관리에 관한 법률 제2조 제6호의 대지사용권을 가지고 있는 경우에 대지권에 관한 등기를 하지 아니하고 구분건물에 관하여 소유권이전등기를 마쳤을 때는 '현재의 구분건물소유명의인'과 공동으로 대지사용권에 관한 이전등기를 신청할 수 있고, 구분건물을 신축해 양도한 자가 그 건물대지사용권을 나중에 취득해 이전하기로 약정한 경우에도 위 규정을 준용하고, 이러한 등기는 대지권에 관한 등기와 동시에 신청해야 한다고 규정하고 있습니다(부동산등기법 제60조). 하지만 채무자는 분양 당시 소외 배○○ 소유(1996. 11. 4. 취득)의 토지를 매입하지 못해 등기는 물론 사용승낙을 받을 수 없었던 것입니다. 사용승인을 받지 못한 건물이기에 건축물대장이 없을 뿐 아니라, 건물등기부(건물등기사항전부증명서)도 없었으나 차후에 소외 배○○의 강제경매로 인해 대위등기된 것입니다. 그 후, 소유권이 소외… 따라서 건물 소유자가 토지의 소유권을 취득한 적이 없기 때문에 타인의 토지에 대해 전유 부분과 분리처분 여부를 논할 법적근거가 없다는 보정서를 제출했다.

하지만 두 달 넘게 소식이 없어 다시 재촉하니 경매 기일을 잡겠다고 한다. 그 뒤로 며칠 만에 더 이상 진행할 수 없다는 연락이 왔다. 소송을 직접 취하하든가 중단 처리하겠다는 것이다. 그래서 소송비용을 ○○건설에 추가로 청구하려고 법원에서 중단해달라고 요구했다. 법원에서 '매수통지서'라는 서류를 발송했는데, 440여만 원에 해당하는 채권을 확보할 수 없다며 감정 가격보다 많은 임대차 보증금과 절차비용을 변제하면 남을 것이 없다고 인정된다. 따라서 계속해 진행하려면 이 통지를 받은 날로부터 일주일 이내에 채권자의 채권에 우선하는 모든 부담금 및 절차비용을 변제하고 남을 만한 가격을 정해 그 가격에 맞는 매수 신고가 없을 때는 채권자 자신이 그 가격으로 매수하겠다고 신청하고 충분한 보증을 제공해야 한다는 내용이다. 그 뒤로 2018년 12월 10일 매수통지불응에 따른 기각 결정으로 처리되었다. 결국, 9개월 동안 진행하던 강제경매가 '무잉여'로 취소되었다. 개고생만 하고 이득 없이 소송이 끝났는데, 중간에 이유 없이 지연되지 않았다면 최소한 4개월은 일찍 끝났을 것이다.

강제경매 신청한 ○○건설의 1/2지분의 나머지 공유자가 연립주택 전체에 해당하는 4,000만 원에 임대차 계약을 한 것이다. 그러니 2,000여만 원의 ○○건설 감정가로는 440여만 원의 채권 금액과 경매 비용이 나올 수가 없어 무잉여가 된 것이다. 임차인을 보호하기 위한 법인지 잘 모르겠으나 이 경우에는 다른 지분권자인 임대인에게 부당이득반환청구소송을 통해 압박할 수밖에 없을 것 같다. 하지만 임대인이 전전 토지주와 연관되어 있고 전전 토지주는 여러 차례 통화를 한 적이 있다. 전전 토지주는 ○○건설에게 돈을 못 받아 소송을 통해 건물을 대위등기하고 연립주택 일부를 경매로 낙찰받은 것이다. 아직도 ○○건설에게 채권을 못 받았다며 3/16 세대에 해당하는 토지를 구매할 의사를 밝혔다. 결국, 전전 토지주에게 3/16 지분을 원하는 가격에 넘기기로 했다. 소송으로 골머리 썩느니 투자한 돈을 조금이라도 회수하는 게 더 나을 것 같았다.

부동산 경매를 하는 인삼밭 주인이 경락받은 곳의 길을 막아 형사고소도 했고, 오히려 길을 막았다고 형사고소를 당한 경우도 있다. 경제팀 전○○경장의 전화를 받고 2018년 6월 29일 가평경찰서를 찾아갔다. 전화를 받았을 때는 고소가 되었다고 했는데 막상 찾아가서 고소장을 보고 싶다고 하니 "90%가 고소라 진정사건인데 잘못 말했다"고 한다. 연립주택 주민 중 8명이 길을 막았다며 진정을 냈다고 한다. 형사고소는 무고 혐의로 상대를 고소할 수 있지만, 진정은 상대를 처벌해달라는 말이 없으면 무고죄가 성립하지 않는다.

담당 수사관은 젊은 여성 경찰이었는데 "묵비권을 행사할 수 있고 불이익을 받지 않으며…" 조사에 앞서 말했다. 나는 미리 준비한 답변서를 제출하고 경찰에게 물었다. "내 땅에 펜스를 쳤다고 교통방해죄가 성립하나요?" 경찰은 "내 땅을 막아도 교통방해죄가 성립된다"며 몇 가지를 물었다.

입찰에 앞서 임장을 갔을 당시, 연립부지 옆에 작은 둔턱이 있었는데 토지사용료소송 중 연립주택 주민이 흙을 치우고 주차장과 도로로 사용했다. 그래서 원상복구를 요구하려다 실익이 없어 그만두었다. 토지사용료 소송이 끝나고 아예 펜스를 쳤는데 기존에 다니던 도로를 막았다고 진정을 낸 것이다.

훼스 친 전경

　그동안 연립주택 주민들이 통행했다 해도 포장이 안 되어 있는 맨땅이고 불특정 다수가 아니라 '특정인만 사용하는 경우'이므로 도로라고 단정 지을 수 없다. 게다가 지목도 밭이고 반대편에 진입로가 있으므로 교통방해죄는 성립하지 않는다고 봤기에 훼스를 친 것이다. 또한, 경락 당시에는 도로로 볼 수 없는 상태였다.

경락 전 모습

토지사용료 소송 중 무단 절토

작성된 조서를 확인한 후 지장을 찍었다. 마지막으로 지문채취를 했는데 나중에 생각해보니 영 찜찜했다. 혐의가 입증 안 된 상태에서 경찰서에 지문을 남긴 건 큰일보고 뒤를 안 닦은 느낌이다. 지문 채취가 필요하다고 했을 뿐, 어떻게 사용한다는 얘기는 못 들었다. 별일 아니더라도 경찰 데이터베이스에 남는 게 은근히 신경 쓰였다. 아마도 담당 수사관이 죄가 있다고 인지하고 지문을 채취함으로써 정식으로 나를 기소한 것 같다. 아니면 절차상 기소를 하는 것인지 모르지만 결국, 검찰로 넘어갔다. '기소의견 송치'란 담당 경찰관이 피의자에게 죄가 있어 보인다는 의견으로 검찰로 사건을 보내는 것이다. 이후 검찰에서 2018년 10월 12일 증거불충분으로 '혐의 없음' 처분을 받았다.

피 의 사 건 처 분 결 과 통 지 서

정재용 **에 대한** 일반교통방해 **피의사건에 관하여 아래와**
같이 처분하였으므로 알려드립니다.

2018 년 10 월 12 일
의정부지방검찰청
검사 최상주

사 건 번 호	2018 년 형제 4㏑○○ 호	
처 분 일 자	2018 년 10 월 10 일	
처 분 죄 명		처 분 결 과
일반교통방해		혐의없음(증거불충분)

    토지사용료 소송 중 알게 되었지만 둔턱은 전 토지주가 트럭 두 대 분량의 흙을 쌓아 다니던 길을 막은 것이다. 하지만 반대편에 주 출입구가 따로 있어 문제 될 게 없었다. 더욱이 포장도 안 되어 있을 뿐더러 지목도 도로가 아닌 전이다. 전 토지주는 교통방해죄로 벌금 50만 원을 냈다고 한다. 피의자 신문조서 작성 후 아무리 자료를 찾 아봐도 도로가 아닌 개인 땅을 막았다고 교통방해죄가 성립하지는 않았다.

담당 수사관은 현장조사를 하고도 포장이 안 된 개인 사유지인 밭을 무슨 근거로 도로라고 확정했는지 모르겠다. 애초에 기소될 사건도 아니었지만 결국, 기소되었고 증거불충분으로 나왔다. 그러나 사건이 검찰청으로 넘어갔을 때 여기저기 알아보느라 마음고생을 했다. 문제가 없다는 것을 알면서도 찜찜한데 모르는 사람들은 얼마나 심적 부담이 클까?

대한법률구조공단에 문의했을 때는 다툼의 여지가 있으니 정식재판을 청구하라고 했다. 경만 형님은 전 토지주가 벌금을 낸 것은 일반교통방해죄가 아니라 소장에 다른 내용이 있을 것 같다고 한다. 아니면 전 토지주가 무상으로 다니게 하다가 길을 막아 발생한 것일 수도 있다(토지는 당사자 간 채권 계약으로 등기를 하지 아니하면 제삼자에게 효력을 미칠 수 없다). 나는 통행을 허락한 것이 아니라 소송으로 3필지만 토지사용료를 받는 것으로 판결이 났기에 기소될 사항이 아니었다. 애초에 연립부지를 팔면 흙을 치우고 도로로 사용한 것도 눈감아주려 했지만, 그들이 매수를 거부한 터라 굳이 편의를 봐줄 이유가 없다. 오히려 둔턱에 나무를 심을 생각이었기에 사유재산 절도죄나 손괴죄로 고소하려다 참았다. 그런데 오히려 상대방이 교통방해죄로 진정을 낸 것이다. 어쩌면 무고죄로 역 고소당할까 봐 진정을 한 것인지도 모른다.

조서를 작성하고 나올 때 경찰관에게 진정서를 보고 싶다고 하자 민원실에서 정보공개청구를 요구하라고 한다. 민원실에 '진정인이 제출한 진정서'에 대한 정보공개청구서를 제출하니 진정 접수번호를 물어 담당 수사관을 찾아가 알아냈다. 민원실에서는 개인정보 보호법 때문에 운영위의 판단에 따라 열람이 안 될 수 있다고 거듭 강조한다. 만에 하나, 허위사실이 있다면 무고죄로 고소하려 했는데 운영위에서 허가를 안 내줘 진정서는 받아보지 못했다. 피진정인이 되어 범죄혐의로 기소까지 된 사건인데 진정서를 안 보여주는 것은 납득이 가지 않는다. 개인정보 보호가 필요하면 진정한 사람들의 이름과 주민등록번호를 가리고 복사해주면 되는 것이다. 기회가 되면 ○○건설의 세금은 제대로 걷고 있는지, 내 땅을 무단 절토한 사건과 함께 교통방해죄로 진정한 내용에 허위 사실은 없는지 검찰청에 진정을 해볼 생각이다.

인터넷 검색을 통해 진정과 고소 모두 수사 개시의 단서로서 의미가 있지만 분명한 차이를 확인했다.

TIP

1. 진정은 피고소인에 대한 처벌을 희망하는 의사표시가 없거나 동일한 사실에 관해 이중으로 고소된 경우 등은 진정사건으로 수리할 수 있다. 고소의 경우는 피해자가 피해 사실을 수사기관에 신고해 가해자의 처벌을 요구하는 것이다.

2. 진정의 경우에도 "범죄성립 여부에 대한 판단을 구합니다"가 아니라 고소처럼 "가해자에 대한 엄벌을 구합니다" 식의 내용을 전개하는 경우 고소·고발 건으로 인정되어 허위 신고할 경우 무고죄의 책임을 지게 된다(형법 제156조, 대법원 판례91도2127호).

3. 진정은 범죄의 피해자인데 가해자에 대해 아는 것이 없을 경우 대략적으

로 가해자에 대해 적시하는 방법으로 처분이나 확인을 요하거나 불편사항을 해소해달라고 요구하는 행위다.

4. 임금 체불의 경우, 진정은 법 위반 사항이 있을 경우 시정지시를 내리는데 시정 완료 시에는 행정 종결이 되지만, 미시정 시에는 범죄사건부에 등재하고 수사를 거쳐 검찰에 송치하게 된다.

5. 진정은 불기소 처분 시 불복절차 없으나 고소는 항고 및 재정신청권이 있다.

6. 진정과 고소 모두 대리인이 위임받을 수 있다.

소송의 경우, 소를 제기한 내용을 알아야 법조인의 조력을 받아 대처할 수 있고 거짓으로 신고한 내용이 있다면 무고죄로 역고소할 수 있을 것이다. 따라서 진정이나 고소도 같은 맥락으로 이해했다. 나의 경우에는 교통방해죄가 성립이 안 된다고 믿었기에 펜스를 쳤다. 그런데 판례에서 보면 새로 도로가 생겼어도 기존 도로의 통행을 방해하면 교통방해죄가 성립한다는 내용이 있다(실제 도로인 경우에 해당한다).

뉴스에 나오는 경우는 대부분 도로를 막아서 생기는 분쟁이다. 개인 사유지가 도로인 경우는 지자체에 매수청구를 할 수 있지만, 매수청구 수용에 관한 의무규정이 없기 때문에 지자체의 재량 범위에 속한다. 게다가 매수가격은 행정청이 결정하므로 쉽게 받아들이지 않는다. 그러니 도로로 돈을 벌었다는 얘기는 운이 좋은 극소수의 경우다. 가능하다면 담당 공무원에게 미리 매수계획이 있는지 확인하고 낙찰받는 게 좋을 것 같다.

교통방해죄란?

형법 제185조(일반교통방해) 육로, 수로 또는 교량을 손괴 또는 불통하게 하거나 기타 방법으로 교통을 방해한 자는 10년 이하의 징역 또는 1,500만 원 이하의 벌금에 처한다.

교통: 자동차, 기차, 배, 비행기 따위를 이용해 사람이 오고 가거나 짐을 실어 나르는 일

고의적으로 사람들이 통행할 수 있는 길을 훼손했을 때, 이때의 길이란 육지와 물길 그리고 교량 등을 가리지 않는다. 공중(일반인)과 같은 다수의 사람들이 자유롭게 다닐 수만 있다면 이는 곧 육로로 인정된다.

나의 경우는 과거에 연립 주민들이 통행했다 해도 포장이 안 되어 있는 맨땅이고 불특정 다수가 아니라 '특정인만 사용하는 경우'이므로 도로라고 단정 지을 수 없다. 게다가 지목도 전(밭)이고 주 출입구가 있으므로 성립하지 않는다고 본 것이다. 또한, 경락 당시 도로로 생각할 수 없는 상태였다(교통방해죄 판례를 찾아보면 포장된 도로와 비포장된 도로 간의 차가 크다. 현황 도로라 해도 포장이 안 된 땅은 도로로 인정받기 힘들다). 오히려 여러 사람이 다녔다고 도로로 인정하면 맹지라는 단어는 필요 없을 것이다.

소송 결과에 따라 토지사용료를 지불하는 세대도 있고 일부는 아예 무시하고 있다. 승소해도 채무자의 재산이 없으면 채권을 회수할

방법이 없다. 내가 제품에 나가떨어지길 기다리는지도 모르겠다. 미납세대 전부, 경매로 넣거나 다른 보유 부동산을 찾아 채권을 회수할 생각이다(애매하게 나온 화해권고나 판결문 대신 소액재판으로 채권액과 지연이자까지 합산하는 방법도 고려하고 있다). 전문가의 도움을 받을수록 더 좋은 묘수가 나올 것이다.

경매는 복잡한 권리관계를 명확히 정리해주는 매우 중요한 수단이다. 또한, 미납된 세금을 확실히 회수할 수 있는 방편이기에 경매나 공매를 나쁘게 바라볼 필요가 없다. 하지만 이렇듯 소송으로 골머리를 썩을 수 있다. 게다가 생각지 못한 변수나 실수로 인해 소송이 많이 지연될 수 있다. 비용을 아끼기 위해 나홀로 소송을 한 결과였기에 수익은 없고 조금씩 배우는 중이다. 전업 투자자였다면 진작 굶어 죽었을 것이다. 그래도 괴로운 일이 아니라 새로운 일에 대한 도전이었기에 흔쾌히 나아갈 수 있었다.

어떠한 경기라도 룰과 규칙이 있기에 그것을 잘 이해할수록 이길 확률이 높아진다. 그러므로 경매도 룰과 규칙을 잘 지키면 실패할 확률이 줄어든다. 비슷한 물건을 여러 번 낙찰받으면 준전문가가 되고 상대적으로 남들보다 유리해진다. 따라서 한 분야를 계속 파는 것이 좋을 것 같다. 초보자라면 처음부터 어려운 물건을 낙찰받을 생각을 하지 말고 기본적이고 쉬운 물건부터 차근차근 배워나가야 한다. 그래도 간혹 뜻하지 않는 결과가 전개되기도 한다.

경기도 연천군 전곡읍 신답리에 건물이 있는 부속 토지 183평 중, 1/2 지분을 낙찰받은 공매 물건은 분할로 죽 쏜 경우다. 분할소송으로 되팔거나 나머지 1/2 지분을 낙찰받으려 했지만, 상대가 현물분할을 주장했다(공유물의 분할은 현물분할이 원칙이다). 조정기일에 분할비용을 합의하지 않아 결과적으로 내가 모두 지불했고 분할로 인해 대지가 90여 평으로 쪼그라들어 쓸모없는 땅이 되었다.

TIP

민법 제266조 공유물의 부담

① 공유자는 그 지분의 비율로 공유물의 관리비용 기타 의무를 부담한다. ②공유자가 1년 이상 전항의 의무이행을 지체한 때에는 다른 공유자는 상당한 가액으로 지분을 매수할 수 있다

시골의 농가 주택부지는 최하 180평 이상이 되어야 쓸모가 있다. 처음부터 건물에 대한 부당이득금을 같이 청구해야 했는데 소를 잘못 제기한 경우인 것 같다. 경우의 수를 생각하지 못한 실수였지만 한두 번 실수했다고 포기하면 결코 성공할 수 없다. 실수가 쌓여도 꾸준히 나아가면 중수, 그리고 최종적으로 고수의 반열에 오를 것이다.

에필로그

많은 사람들이 경매 투자로 돈을 벌었다고 과시하지만, 돈을 번 사람보다 중도에 포기하는 사람이 훨씬 더 많다. 그렇다고 다른 분야에 비해 경매가 많이 힘든 것은 아니다. 자영업자의 경우 5년 내 폐업률이 70~80%에 달하고, 2인 이상 개인 사업자의 경우도 별반 다르지 않다.

나는 결코 남을 돕고자 경매를 시작한 것이 아니다. 하지만 상대방을 배려하다가 적잖은 수익을 포기했다. 언제든 돈을 벌 수 있다는 착각 때문이었는지 모른다. 물이 들어와야 물질을 하듯 돈은 벌 수 있을 때 많이 벌어두어야 한다. 수익보다 더 큰 문제는 상대방에게 친절히 대할수록 편하게 생각하거나 우습게 여기는 경향이 있다.

그래서 합의한 것도 잘 안 지키고 소송결과에 승복하지 않는다. 만일, 반대의 상황에서 상대방이 나처럼 배려해주거나 고마워하는지도 의문이다. 그래서 이제는 방법을 달리할 생각이다.

《바닥부터 시작하는 왕초보 부동산 경매》가 1년간의 짧은 기록이라면, 《월급쟁이, 부동산 경매로 벤츠 타다》는 10년간의 활동을 기록한 것이다. 처음에는 제목을 《왕초보 부동산 경매 홀로서기》로 하려 했으나 1권과의 간극도 길고 눈에도 안 띄어 지인의 조언으로 바꾸었다. 경매하는 와중에 《뚜껑 열린 팔방미인》을 공동 출간하며 단편소설 두 편을 수록했다. 그 뒤로 단편소설인 《날라리 천사와 순진한 악마》를 두 권 분량의 장편소설로 집필해 네이버와 문피아, 조아라에 웹소설로 출간했다. 'SF판타지'라 반응이 신통치 않아 아직 책으로 출간하지는 못했다. 하지만 기회가 되면 유튜브에 올리고 좀 더 다듬어 출판사를 찾아볼 생각이다.

10년 전, 책을 내고 싶다는 무모한 도전으로 여기까지 왔고, 돈을 벌겠다는 욕심은 많이 퇴색했다. 하지만 《바닥부터 시작하는 왕초보 부동산 경매》에서 밝혔듯 "공짜는 없다"라는 말을 아직도 믿고 있다. 또한, 개똥밭에 굴러도 죽을 때 후회하지 않는 인생이 '성공한 인생'이라 믿는다. 존 고다드가 "내가 젊었을 때 이걸 했더라면…" 하는 할머니와 숙모의 후회의 말 때문에 '인생의 버킷리스트'를 만들어 그것의 대부분을 달성했듯, 나도 늦게나마 하고 싶은 일을 할 것이다. 이제는 글을 쓰는 것보다 제대로 돈을 벌고 싶다. 물론, 일한 만큼 놀기도 하고 나를 위해 실컷 쓰기도 할 것이다. 늙고 병들기 전에 하고 싶은 일을 하면서 후회를 남기고 싶지 않다. 나 혼자만 잘되고 싶은 게 아니라 주변 사람들과 함께 잘되었으면 좋겠다.

지금껏 무탈하게 지낼 수 있었던 것은 알게 모르게 주위에서 많이 도와주었기 때문이다. 책을 출간하도록 도와준 많은 분들께 진심으로 감사드린다.

한국경제신문 *i* 부동산 도서 목록

한국경제신문 i 부동산 도서 목록

두드림미디어
dodreamedia 경제·경영, 재테크, 자기계발, 실용서 전문 출판 임프린트

가치 있는 콘텐츠와 사람
꿈꾸던 미래와 현재를 잇는 통로

Tel : 02-333-3577
E-mail : dodreamedia@naver.com

본 책의 내용에 대해 의견이나 질문이 있으면
전화 (02)333-3577, 이메일 dodreamedia@naver.com을 이용해주십시오.
의견을 적극 수렴하겠습니다.

월급쟁이, 부동산 경매로
벤츠 타다

제1판 1쇄 | 2019년 5월 31일

지은이 | 정재용
펴낸이 | 한경준
펴낸곳 | 한국경제신문*i*
기획제작 | (주)두드림미디어
책임편집 | 최윤경

주소 | 서울특별시 중구 청파로 463
기획출판팀 | 02-333-3577
영업마케팅팀 | 02-3604-595, 583 FAX | 02-3604-599
E-mail | dodreamedia@naver.com
등록 | 제 2-315(1967. 5. 15)

ISBN 978-89-475-4475-7 (03320)